薩·所·羅·蘭
精神分析的人間條件叢書04

superego 押著 id，但 id 不是省油的燈

從佛洛伊德說的 談他沒有說的

蔡榮裕 著

【薩所羅蘭的山】
陳瑞君、王明智、許薰月、劉玉文、魏與晟
陳建佑、劉又銘、謝朝唐、王盈彬、黃守宏、蔡榮裕

【薩所羅蘭的風】
（年輕協力者）
李宛蓁、魏家璿、白芮瑜、蔡宛濃
曾薏宸、彭明雅、王慈襄、張博健、劉士銘

「薩所羅蘭」緣起

首先，關於「薩所羅蘭」這詞的起源，是來自於李宇宙醫師的文章，我們感謝台大名譽教授邱錦榮，同意使用「薩所羅蘭」做為名稱。

「天明時，你悄然離我而去，在我渴睡的時候，餘留給我被露水沾濕的灰燼。

薩所羅蘭，在我開始信仰的時候，你一留給我怎樣的圖騰，荒年過後，我將回歸城裡。」（李宇宙，〈給阿米巴弟弟們〉之七）

我們建構薩所羅蘭，有著對精神分析的熱情，也同時想要再「回到佛洛伊德」，他當年在文學、戲劇、藝術、物理學等領域來回穿梭，找出了一些重要語詞，做為精神分析的重要術語，例如伊底帕斯情結。我們想要抱持著，如薩所羅蘭這般詩意的態度，探索精神分析在台灣的日常生活裡，有著什麼樣的深度心理學，待發現和描繪，做為我們在日常生活或診療室工作的重要參考？

薩所羅蘭的啟動者，蔡榮裕醫師，是「臺灣精神分析學會」創制成員之一，也是第一任理事長，同時是松德院區「思想起心理治療中心」的創制成員之一。薩所羅蘭目前的共同夥伴們，都是理念接近的朋

友，我們想要「讓精神分析散步在人間」，而不只是運用於診療室而已。這是困難的事，我們慶幸有一群朋友，大家協力一起走。

目前的組成有主要的資深成員「薩所羅蘭的山」，和年輕協力者「薩所羅蘭的風」共同組成。我們密切合作走在這條人煙稀少的路，並沿路描繪我們所看見的，精神分析的心理風景，和各文學、藝術、戲劇、電影、人類學等相互密切交流。我們不是只以談論診療室裡的工作場景為主，我們甚至更會以文學等材料做為文本，和臨床經驗與理論對比，來相互豐富對方，而不是只以精神分析術語來分析文學等創作品。這是我們的「回到佛洛伊德」的方式，回到他當年草創精神分析，在各種資源裡尋找語言，來描繪臨床所經驗的想法想像和情感等⋯⋯

推薦序1
分析性學的舊瓶新酒
王明智

「但是故事走到現在,是否疲累了?這些概念是否老化了?在走進神話世界後,反而被吸納了,而走不出來,難以再引起刺激和思考,就像是一陣吹過耳邊的風,或者它依然足以讓我們想些什麼呢?」

　　甚麼是精神分析?相信不同的人會有不同的表述,我心中浮現的想像是:潛意識的聽風者與翻譯家。聽風者的想像源自於梁朝偉的電影(2012),講述一個耳朵靈敏的情報人員如何揪出敵軍頭頭的故事,就佛洛伊德(1912)在The dynamics of transference也曾以戰爭來形容分析師追緝潛意識的過程,當兩軍交接,國王派遣出的小兵/移情,如何在阻抗分析師的同時,讓國王藏匿得更深。翻譯家的想像則是來自賴香吟的小說集《翻譯者》(2017),試圖將歷史與社會材料轉譯成文學,又指出現實與記憶之難以觸及。也因爲這種難,還有面對困難的跨越與追尋,形塑了作家的寫作動機。依循著這個想像,佛洛伊德身爲精神分析的創始者與臨床家,一生得到

的哥德獎竟是文學獎也就不足為奇了，或許佛洛伊德終其一生都在用心地傾聽潛意識，然後將它以文學的語言轉譯給我們。

在蔡醫師身邊學習與工作多年，更讓我體會此種傾聽與翻譯彌足珍貴，尤其在他退休後創立了「薩所羅蘭」，外表看來似乎是大膽地把精神分析推向普羅大眾，背後的心思更像以文學藝術的姿態來實踐精神分析。蔡醫師總提醒我們，唯有文字是永遠的，也鼓勵我們把心中的想法落實在字裡行間。他自己就以扎實的出書行動來實踐以文字追尋精神分析的價值；就像追索著夜空的星星，那些忽隱忽現的光線可以投射到眼簾，或許已然經過幾億光年，而我們找得到語言來描繪星星這一路上的曲折嗎？

而這種讓精神分析回到文學的表述方式，個人認為既可以保留現場的體驗，又可以在這些經驗裡頭思考與作夢，就像是對於過往經驗的事後作用一般。時間與記憶以螺旋型的方式交織著，瞻前顧後地盤旋在想像與真實中。

這是蔡醫師第二本以佛洛伊德為主題的書，有幸受邀擔任古典佛洛伊德的協同講師，本書乃此門課程集結成書。其中尤以第八及十三、十四章對性特質的

　superego押著id，但id不是省油的燈：從佛洛伊德說的談他沒有說的

描繪讓人印象深刻。

在我的印象中，性學在佛洛伊德創立的精神分析中是鮮明標誌，那時候對於性特質的理解主要是圍繞著本能驅力建構起來的。克萊恩之後雖然依循著佛洛伊德的本能語言，但在考量嬰兒的內在世界時，主要把寶寶對母親的想法與感受作為驅力經驗的優位，嬰兒與乳房的關係被置放在分析理論的中心，性被排除在精神分析思維之外。它被重新翻譯成餵養與撫育的語言，而非交歡的狂喜（Green A, 1995）。

因此，在客體關係之後，性逐漸地退為精神分析的背景，再也沒有令人眼目一新的理論，而佛洛伊德的古典性學，也從昔日解放人類思維的真知灼見，變成了無新意的老古董。蔡醫師如此描述這些找不到出路的術語：

「臨床觀察和判斷的課題，如果是歸因於本能所帶來的問題，意味著不是語言能夠抵達並發揮作用的領域，也可能語言抵達後，發現不同語詞之間有它們的互相取代性。」

「至少從臨床角度來說，我們在診療室裡，點出了個案的某問題，是源於某種本能，這樣的說法幾乎不太可能帶來有效的改變⋯⋯這就表示，我們對於它

的理解還有限。」

當代社會，尤其再經過六七零年代的黑人解放運動與性別平權運動之後，以異性戀生殖為核心的伊底帕斯情結似乎對於時代的劇變有點應接不暇的感覺。

「另值得思索的是，陽具欽羨的概念，是否還有和社會對話的能力？或者只是重複老話，卻失去了當代年輕人的世界，因的陌生而無法對話了，如果陽具欽羨仍是重要的象徵，那麼這象徵銅像需要如何被重新詮釋，再度上場？或者我們只能重複已說過的話，聽不懂的人就算了，反正他們就是不想聽見我們話的人？」

「我相信它在當代仍有這個名稱所涉及的現象。但是陽具欽羨這個語詞，已經不再有感動力了，不再讓人會想去思索它在說什麼，勢必有不少誤解，不能只說是阻抗，而是需要思索如何重新詮釋它，讓別人再認識它。」

誠如蔡醫師所提醒，這個不被時代歡迎的感覺不能簡單地被打擊人類自戀，還有阻抗簡化待之，它反映出整個世代的集體潛意識，如果分析社群無視於這些人類文明的進程，不加以思索與對話，那會有閉鎖在分析象牙塔的危險。如同McDougall, J.（1972）在

Primal Scene and Sexual Perversion中與當時的同志平權運動對話，再加上多年豐富的臨床經驗，直到2000年的Sexuality and the Neosexual，性倒錯已然掙脫了以生殖為導向的性心理發展，而以是否具有恨意與攻擊為主要考量。

當我們反思佛洛伊德對於本能的思考，解剖就是命運可以理解為某種受限於生理構造的本質主義，生殖導向也是，不依循這條路徑的主體選擇都會被視為病理。只是這樣的想法也可以輕易地被質疑，因為人類並非如動物有發情期，何以人類終其一生都會受性驅力的驅使？僅只是為了生殖？還是有別的目的？抑或人類發展器具與文明，擴展了存活下來的可能性，因此生存並非要以生殖為優先考量，人類的創意也可以保護人類的生存；或者說，人類的創意也可能是生殖的另一種形式，譬如寫作。再者，關於性與性別的不再壓抑，讓人類性別的多樣性不再是深入分析才可瞥見的存在，而是你我周遭的生活日常。這又意味著甚麼？只是簡單的時代現象或者平權正義就可以解釋？精神分析在這個巨大變化中不能失去話語權，只是要找出跟上時代腳步的新理論。

「一如佛洛伊德搬出伊底帕斯王的故事，來說明

他發現嬰孩和父母之間的複雜情感。但是在伊底帕斯情結被說出來後，讓其它的細節被當做是非主幹的枝節，就在一般想像的『去蕪存菁』的感受下，只注意著直接相關的訊息和故事。

這種情形也出現在其它語彙，例如陽具欽羨，就臨床實情來說，可能是過於簡略的說法，好像可以說出什麼，卻遠離了臨床現場的複雜性。」

我們在創造新的理論時，新的語言想像也刻不容緩，誠如蔡醫師指出的，伊底帕斯神話的援引不一定集中在孩子與父母間的關係，伊底帕斯的身世，還有看見自己命運的後續發展，那些被忽略的旁枝，或許也會帶來新的想像。

又譬如Andrea Green試著整合本能理論與客體關係（1997），提出「情色鏈」（an erotic chain）的概念。Green認為性乃透過系列「結構」次第開展；從內在驅力的運動，釋放驅力的行動，接著是與其相關的快樂或不快樂體驗，在此階段，無意識和有意識的表徵可以滿足慾望；接著主體會創造幻想來組織場景以實現願望。最後，昇華創造了慾望與情感的無限豐饒。在他的論述中，性不被導向於單一向度，而是在此多層次的向度中彼此交會，無限激盪。

關於論述性特質在語言上的捉襟見肘，有可能導致分析活力的枯竭，也阻礙了探索源源不絕的本能寶庫；像是Winnicott說的真我，我們要小心護持，不要讓其被困死在分析性理論的舊瓶中。

王明智
諮商心理師
臺灣精神分析學會會員
臺灣精神分析學會影音小組召集人
《小隱》心理諮商所所長
臺灣精神分析學會推薦精神分析取向心理治療師
松德院區《思想起心理治療中心》心理治療督導

本是同根生、自我打太極

彭奇章

　　這是第二次和明智、思姍以及蔡醫師合作進行「古典精神分析理論」的課程，若和第一次合作的經驗來比較，相同的心境是我依然很難針對佛洛伊德的文章片段地擷取重點，因爲他的整體脈絡就是價值所在，幾乎沒有多餘的部分；不同的面向是這次課程安排有刻意地著重在對自我（本文的自我指涉的是結構理論中的ego）的再認識，一再提醒著我們不要忘記它的苦情角色；而不變的結果是蔡醫師依然很「蔡榮裕」地，要將整個歷程搭配其思路整理成書。

　　在備課、講課與聽課的過程中，我始終在經驗兩個問題，那就是「當年的佛洛伊德是怎麼想事情的？」以及「眼前的蔡醫師到底在做什麼？」

　　相信只要能夠不帶偏見地閱讀過佛洛伊德文章，多少都會對其在那個年代能有如此洞見深感佩服。在協助整理自我相關文獻的過程中，讀到佛洛伊德對當年諸多臨床困境的思維辯證，包括自我是否眞能主導「量能」至上的現實？自我的發展能對預防疾病復發使得上多少力？在問題自然浮現之前就提早介入的效

果會如何？分析是否有所謂的完成？病人對治療師的移情愛是否正常？該當抑制？……等等。他能夠詳實地論述出困境，也能描述當年臨床醫師們不得不的權宜之計，再真實地點出權宜之計最終可能的徒勞，凸顯出橫梗在我們眼前的真實未知是多麼艱難。對我而言，佛洛伊德針對上述困境的論述方式，是一種兼具倫理素養與科學思維的態度呈現。有價值的絕對不止是那些後設理論的內容，還有他想事情的態度，這也是為何我認為很難擷取片段重點的原因，必須鼓勵大家自行回去細讀原文。

在佛洛伊德的文章問世將近一百年的今天，即使自我、本我與超我之間的關係大家已經耳熟能詳，自我是個苦情奴僕的角色也幾乎是個老掉牙的觀念。但隨著臨床技術的演進以及新進理論的堆疊，這個老掉牙的觀念很容易會被當代的臨床工作者淡忘，因此可能忽略了目前所面對的真實困境其實並沒有多少變化。而我在邊讀著蔡醫師文稿以及邊回想先前上課經驗的同時，漸漸明白蔡醫師是在做什麼了。他想用他特有的詩意來邀請大家重新面對這些臨床的失意。蔡醫師的文章與論述，同樣不適合擷取片段來閱讀就以為能理解其全意，是值得慢慢咀嚼全文的，特別是他

書中使用的象徵物和譬喻手法，或許能更爲貼近在這片土地上生活的思維脈絡，以此角度去和原本的理論對話。

　　在順著此書脈絡又重新思考一次ego的發展脈絡與恆久困境時，很巧合的是伊隆·馬斯克（Elon Musk）也在媒體上讓大家又想起了「七步詩」這首早已流傳千古的詩作。也許ego的艱難就如同此詩之意境，那是千古難題，得過的話也只好且過，但求還能頻頻回首，再想過。

彭奇章
臨床心理師
若有光心理治療所院長
臺灣精神分析學會副秘書長

午後的饗宴，流動的現代性

呂思姍

　　很榮幸再次與蔡榮裕醫師、奇章與明智一起合作「古典精神分析理論」的課程，得以每個週六下午沐浴在知性的饗宴中。悠遊於佛洛伊德的浩瀚著作中，蔡醫師學養豐富，總是信手拈來許多的典故，帶領大家更貼近精神分析的世界。精神分析談潛意識、談本我、自我與超我、談憂鬱與自戀、談性與攻擊。佛洛伊德也談文學、藝術與文明。宗教與幽默也有其心理意涵，足以深入分析。這麼豐富的食材非得要有技藝高超絕倫的大廚來加以烹調，而蔡醫師正是其中的翹楚。

　　蔡醫師常常談到漂浮的人生與空洞等意象，讓我思考到在現代互聯網的世界，人與人的聯繫看似無遠弗屆，卻又輕薄短小，吹彈可破。線上世界看似是線下世界的複製，卻有其自身演繹的邏輯。網民對許多素未謀面的人可以輕易傾吐內心，甚至充任情人，而對身邊的人卻保持距離，甚至只想逃離。社會學家包曼（Zygmunt Bauman）稱這樣的現代性為「液態現代性」，以流動性（fluidity）、液態性（liquidity）

來隱喻社會的本質。當今社會的流動性不斷增加，不論在資本的流動、勞動力的流動、資訊的傳遞，甚至於人際網路和紐帶、個人身分認同都不斷的在改變和流動，而這些改變也產生了諸多的影響和後果。

包曼也觀察到人與人的共處（togetherness）有插曲式的相伴（being-aside）、話題式的相處（being-with）與傾向完整與連續的相依（being-for）等幾種類型。「相伴」的相遇是短暫的，人們來去匆匆，沒有產生任何後果（consequences），也沒有留下相互的權利或義務。「相處」則是以談論手邊話題為主，談話的內容侷限，自我與他者都僅展現部分的面向。在這樣的會面中，彰顯自我與隱藏自我一樣重要。「相依」則是一種不保持距離，也不是為了打發時間而存在的共處，人與人傾向從孤立朝向交融。

如果我們與人的關係都只有「相伴」或「相處」，那我們仍會持續感到空虛，如同失根的蘭花。但想要「相依」就得面對自己內心的愛與恨、攻擊與投射、力比多的分布、客體的選擇、性特質與性取向等種種惱人的課題，這樣的生命課題很沉重，難怪佛洛伊德在《文明及其不滿》裡面說：「生命，如我們

superego押著id，但id不是省油的燈：從佛洛伊德說的談他沒有說的

所發現，對我們來說太困難了，它帶給我們太多的痛苦、失望與無法完成的任務。爲了忍受它，我們不得不用姑息的方法。……或許這樣的方法有三種：有力的偏離——使我們不在乎自己的痛苦；替代滿足——使痛苦減輕；中毒的物質——使我們對痛苦不敏感。」中毒的物質看來對緩解痛苦最神速，最簡單，就當今的社會狀況來說，各種毒品氾濫以及推陳出新也就不令人訝異。

　　佛洛伊德曾將生命的痛苦分爲三類：1.自己的身體2.外在世界（大自然）3.和他人的關係。在《哀悼與憂鬱》中，佛洛伊德提及憂鬱病人的自我被客體的陰影所覆蓋。而在許多憂鬱與自殺的研究中發現缺乏歸屬感、低自我效能感以及怕造成他人負擔是自殺最主要的相關因子。可見與他人的關係或客體關係眞的是影響人們一生福祉的關鍵所在。

　　雖然和他人的關係是生命痛苦的來源，但佛洛伊德也提及有些人反而會緊抓著對象，以愛人、被愛以及性愛等積極的手段來避免痛苦或獲致快樂。不過，性愛成癮、愛情騙子、利用情感或性愛來剝削他人卻成爲光譜的另一面，在社會新聞中屢見不鮮，令人咋舌。

這麼複雜的人生議題需要Ego來作主處理，Ego得忙於服侍Id, Superego與外在環境，這樣的Ego實在太辛苦了。Ego到底得具有什麼裝備，需要經過什麼樣的鍛鍊才能一路過關斬將呢？就讓蔡醫師的文本帶領我們看下去。

呂思姍

精神科專科醫師

敏盛醫院精神科主治醫師

臺灣精神分析學會會員

推薦序4
人，無法逃離自己的感覺
丁耕原

　　開始了精神分析的學習之旅後，我常問自己這樣的問題：什麼是精神分析呢？以我現在的理解，我覺得精神分析是一套描述人類內在心智的理論。這套理論裡有許多不同的學派與學者，像：克萊恩學派、拉崗學派、人際關係學派、自我心理學、自體心理學等。儘管這些理論學者，對人的心智世界有不同的描述，但其好奇人類內在心理歷程的初衷則是一致的。此外，我覺得精神分析也是一種治療疾病的方法：透過個案的自由聯想以及對其夢境素材的分析，幫助個案了解其內在心智歷程的變化，以緩解或治癒個案的症狀。

　　什麼又是精神分析取向的心理治療呢？簡單來說：就是透過精神分析的方法，探索個案的潛意識歷程，並幫助個案將其潛意識的過程意識化，讓個案明瞭自己所有的內在衝突，皆根源於自己的內心世界。

　　對於上述如此簡化、不周到的描述，我相信蔡醫師肯定有許多的觀點想補充。當我們面對如此龐雜的精神分析概念時，該如何開始這趟學習之旅？對於學

習精神分析理論的臨床工作者而言，讀懂佛洛伊德的文章是個難題。如何將原典文章中的抽象理論，與個案呈現的臨床素材，這兩者彼此之間做一個相互的對照至為關鍵。而當我在閱讀蔡醫師的文章當下，似乎隱約地感受到：這正是他幫助我們消化艱澀難懂的佛氏理論的方式與企圖。

　　本書集結了十五堂以佛洛伊德古典理論為主軸的觀點，每個所勾勒出的理論觀點，又可能涵蓋一篇至數篇由佛洛伊德所撰寫的文章。透過蔡醫師的穿針引線，這些艱澀的古典理論，試著與鮮活的臨床素材，彼此交織出緊密的關聯。以第八堂：本能的衍生物及它們的命運為例，蔡醫師在書中提到：

　　是什麼因素帶來了改變，是詮釋後的新認識，或是某些不自覺的累積而帶來了蛻變？這些疑問就涉及分析治療的方向，不然如果光只是以洞識為目標，很可能如臨床常見的，個案以理想化的努力達成了某些了解，但是仍無法如預期的，可以成功解決原本的困擾。因此是需要再加進其它的想像，要有其它的生活內容進來診療室的過程裡。這些想法並不是排除現有的想法和做法，而是覺得需要節制，不是只一心一意往設定的，以「詮釋」做為成功之路的方向，而是

superego押著id，但id不是省油的燈：從佛洛伊德說的談他沒有說的

讓新的生活素材和可能無關緊要的想法，可以進來想一下，畢竟有著自由做基礎，這些素材逐漸就會交織成不同的蛻變，而不是一般想要的改變，這是有著要把舊有的排除，而有全新的，才會被叫做改變。……而且我們做為專業職人，雖有比昂的「沒有記憶」和「沒有欲望」做為目標，但在抵達這種理想前，最好仍是相信自己有目標，也有欲望，因此我們不是要排除這些才有新空間，而是在目前有的故事內容上，逐漸有所節制，讓新的生活事項和想法納進來，就會逐漸交織一起讓生活有了蛻變……（p.135-136）

　　這段話似乎點出了臨床工作者在面對個案時，其應有的思考彈性與態度。同時也提醒者臨床工作者，在思考比昂的經典文章時，不要落入了見樹不見林的危險。而這也是蔡醫師一貫的思考風格：不是急著找尋問題的解答，而是不停止思考新的問題。
　　與蔡醫師的相識之緣該從松德談起。2008年碩班畢業後，在某次轉職的機會下，我得以進入夢寐以求的精神科殿堂：前台北市立療養院／松德院區工作。在剛開始擔任臨床心理師的頭幾年，蔡醫師可能並不認識我，也不會知道我對精神分析，其實是有「感

覺」的。因此，在每年10月左右的台北身心醫學暨心理治療國際研討會中，我都非常開心自己是松德的員工，也引頸期盼這樣的研討會能為自己的臨床工作注入滿滿的能量。2016年我開始加入臺灣精神分析學會，確定了自己想學習精神分析的這條路，也慢慢發現蔡醫師當時的一些著作，並在台大工作坊中買了書、像個粉絲一樣的請蔡醫師幫我簽名，開始了與蔡醫師的相識之緣。

2017年，我正值參與學會兩年期臨床課程的第一個後半年，蔡醫師恰巧是我們治療技術1的老師。依稀記得蔡醫師的授課風格，總是以反思文本的態度出發，並進一步企圖引發我們思考更多的提問。2021年的9月，我收到蔡醫師的新書《內心荒涼地帶起風了》，蔡醫師在書中留下了這樣的文字：「沒有孤獨這件事，有的是合作與孤獨」。我看完後，哭了。我相信蔡醫師應該不是神棍，不然他怎會知道那時剛好是我母親往生後滿一個月的時間點，我內心的孤獨感正方興未艾。

窖藏的酒
在滿是灰塵的底層
幽香～

這是一首我朋友寫的詩，我很喜歡。精神分析對我而言像是酒，它有許多的層次、不同的角度，來幫助我們思考個案不同的樣貌。個案有時在我心中也像酒，不同的酒有他／她專屬的顏色與氣味，當我們品酒時，自然會感受到酒的前勁與後韻。閱讀蔡醫師的書也像品酒，過程中會有許多不同層次的思考與感受從腦海中浮現，需要細細的品嚐思量。就讓我們一同走進滿室幽香的薩所羅蘭，讀懂個案，也讀懂自己！

丁耕原

臨床心理師

精神分析取向心理治療師

臺灣精神分析學會會員

臺灣精神分析學會臨床課程協同講師

目錄CONTENTS

前言

　　佛洛伊德的文章是重要寶藏，很難在十五堂課裡，宣稱可以把佛洛伊德是什麼說清楚。這是不可能的任務，甚至也是不必要的期待，如何拿他的文字出來佈展呢？這個假設是另一種再重讀佛洛伊德，將他的文獻當做如博物館裡的重要收藏。但是如何來策展這些收藏品呢？我的主張是要試著讓他的文字，和時代的命題，尤其是診療室裡的情況相對話。因此本系列的內容，依著我們自身的臨床實作經驗，所經歷的困惑和想法，例如空洞感、飄浮的人生、無力感、無望感、無助感和性別取向等等，做為對話的方向。

　　在有限的課堂時間裡，選取了一些文章，並非這些文章就可以解答，我們在臨床上遭遇的疑惑，而是以這些文章和當代常見症狀來對話，例如憂鬱、邊緣和自戀的現象，不是要忽視古典的歇斯底里和性學的位置。期盼藉由這些對話，讓佛洛伊德的古典寶藏，持續有新的對話和佈展，讓他和他的文字有新的意義。本系列並沒有要完整表達什麼的意圖，畢竟面對人心的浩瀚，精神分析的文字只是大海裡的一杯水，不可能解釋完所有臨床現象。

　　臨床常聽到，做自己，是指什麼？是自我膨脹

superego押著id，但id不是省油的燈：從佛洛伊德說的談他沒有說的

或是自戀？它的相反是不做自己嗎？或者還有什麼，才是讓人覺得做自己呢？這和客體有什麼關係嗎？內在裡複雜層次的自己，是什麼樣的景象呢？讓我們從ego再出發，爬梳佛洛伊德的古典文本，再進一步想想，你我身處的年代，如性學和伊底帕情結等，已如街頭銅像或堡壘，如何重新策展和客體對話？

　　至於其它的社會文化或政治現象，也許需要再另選取不同文章，做為對話的系列，將在以後繼續耕耘……

註：這十五堂課的內容，是王明智心理師、彭奇章心理師、呂思姍醫師和蔡榮裕醫師，共同合上臺灣精神分析學會的課程之一，周六下午《臨床課程》裡的部分內容，是以在2020.09月至2021.01月間〈理論：古典精神分析〉的上課內容做基礎，再加以新編成本書。

主文方向

　　做自己裡的自己是眾聲喧嘩，或孤掌難鳴呢？本系列課程要從佛洛伊德留下的寶藏裡，搬出來一些論點做為展示，佈展這個自己的多重面貌，來回應當代診療室裡的某些問題。這個自己是處在失落的空洞裡，或是擠身在充滿矛盾的欲望裡？心智世界如何建構著層層的防衛，讓自己可以活著並活下去呢？

　　id是世界之始，和外在現實接觸，產生了ego，做為接觸世界的界面，而後有理想性的誕生，ego ideal，它逐漸明朗化，雖然以長大後的情況來比，仍是混沌。ego-ideal後來被佛洛伊德重新定位，並命名為super-ego。如果精神分析取向的治療有個目標的話，是自由，但是如何運作，讓自由是可以預期的呢？佛洛伊德提過，讓ego站在id旁邊，那麼superego會站在哪裡呢？

　　原本的假設是，出現精神官能症者大都是，superego押著id，對id施以嚴厲的批判，但是id也不是省油的燈，仍是執意要滿足自己的欲望。兩者在對衝，誰也不讓誰，那麼ego能做什麼呢？ego秉持著以「享樂原則」為基礎，來服侍id，superego和外在環境。

那麼，什麼是加強ego的能力呢？只要有客體在旁的感受被內化後，他的ego就自然會更有力量，更能夠找出夾在三位主人間的協調方式？這些內在的協調方式，就是我們常說的「自我防衛機制」的成果，而且讓內在裡相互「妥協」的結果，不致於再老是帶來後續的困擾。差別在於，同樣的處理三位主人的欲望後，處理的結果是能夠讓三位主人都滿意嗎？或者讓它們全部滿意是不可能的任務，但是不滿意的某方，不會像先前那般，任意跑出來作怪了？因此他就比較平穩了，或者更進一步的，也因此會更有創造力？但是這創造力是從哪裡跑出來的呢？

　　其實，就算有了一些精神分析術語，距離要清楚說明診療室裡，兩人之間的心理流動所產生的氛圍，仍是還遠遠不足。我們還需要更多的語言，來描繪這些臨床場景，這本書就以ego為主角，來闖蕩生命早年必然失落後的空洞感……

第一堂
疑問裡的風中線條和語言，玩味著失語的臍帶

　　如果說，精神分析是以探索，失語而歇斯底里的深度心理學，我們相信這是個持平的說法。但是隨著時空的變化，在不同文化情境裡的發展，精神分析的樣貌更複雜多樣，但也可能有所侷限，畢竟臨床上，離期待的臨床效用仍有很長的距離。

　　如何想像這些尋常故事，是否還另有深意或弦外之音？這種說法已是常識般了，雖然知道了「潛意識」（或無意識）的存在，不必然等同於知道它是什麼？回到當年，James Strachey是這樣形容，「精神分析的起源與歇斯底里的研究有關，這個歷史上的意外很快就導致將潛抑（或更普遍地說是防衛）視為是一種心理功能的假說，反過來又成為了一種地形學的假說。心理的圖像包括兩個部分，一個被潛抑（repressed）而另一個展現壓制（repressing）。」（彭奇章中譯，出自Freud, S., The Id and Ego, Editor's note, 頁4，1923，英文標準版第19冊。）

　　例如，一位外國人在台灣，向我們問路，我們

大概聽得出，他是問要去哪裡，儘管那個地名夾在那聽不懂的語言裡，仍是很模糊，不過聲音經過我的過濾，和某些部分加以校正後，那個地名的聲音，在我們的耳朵裡明確了起來。然後我們以對方聽不懂的話，告訴外國人，可以走過三條街的地方，那裡左邊有個我們都知道的名店，但是他可能不知道，然後右轉再走四條街，那裡的街道很窄小，請他要小心辨識某個標識，某個有名的運動鞋的廣告牌子。這時候，原本聽不懂的外國人，突然眼睛一亮，好像聽懂了什麼，或者全然聽懂了，他熟知那名牌運動鞋，因為他腳下就是穿著那名牌鞋子。

　　然後我們很高興，他好像聽到我們說的指導了。但表面的聽到之外，關於深度心理層次的地形學的假說，對我們的某些意識上的指引，而「意識的性質也顯然與此假說十分密切，很容易將心智中被潛抑的部分等同於無意識，將展現潛抑的部分等同於意識。」（同上，頁4-5）至於unconscious，譯為無意識或潛意識，會有不同的聯想和想像，涉及什麼是「無」，什麼是「潛」？這將會影響著我們未來如何看待精神分析，而且「這種看似簡單的基模是Freud早期所有理論思想的基礎：從功能上講，是一種被潛抑的力量想方設法要活躍起來，但被一股監控的力量壓制著，結構上來說，是一種被自我所反對的無意識。」（同

上，頁5）例子裡街頭上的交會時刻，某種程度和診療室裡，治療師和個案的交會，有它某些類似的地方。雖然我們可能會認為，精神分析跟指引是無關的，不過這需要再進一步理解臨床實情，關於指引可能如何地隱身存在我們的技術裡，而不是一種教條般的禁令。

我們就繼續說著，看見那名牌運動鞋店後，要記得再回頭看對面的巷子，再沿著那條巷子走，大約十分鐘就會看到他要去的地方。這個描述其實有些像我們在治療過程所發生的事，個案說著他的故事，我們說著詮釋或其它的，有時會覺得好像在溝通或引路。雖然精神分析取向者對於引路的說法，可能不太同意，不過其實仍很有可能是分析治療的一部分，是我們精神分析取向專業職人工作日常裡的一部分，就看我們是否願意看見它。當我們意圖要和個案認真工作時，其實處境像這個問路者和回應者之間的狀態，前述的問路描述做比喻並不算是誇張的說法。

畢竟每個人在說自己的故事時，都是有些像自己就是個外國人，正走過心中的風景，而且在自己的風景裡迷路了。這種迷路也是個案會來找我們的原因之一，佛洛伊德以坐火車時，坐在窗旁者描繪窗外不斷變化的景色，給坐在靠走廊者聽，做為「自由聯想」的比喻，但前述外國人問路的比喻，可能在某些部分

更貼近臨床實境。雖然他可能說著和我們相同的語言，但是當他用自己的方式，描述生命以來走過的風景時，是有些像個外國人到了自己心中陌生的地方。

這種陌生不會是全然的陌生，像是童年的故事曾經走過的地帶，帶著後來想像和新添情節的童年故事，走回那個被宣稱是童年的地帶。那個自己是個什麼樣的自己呢？佛洛伊德在《文明及其不滿》裡，嘗試從「宗教的海洋般感受」做起點，嘗試以精神分析角度談論自我的感覺（feeling of our own ego）。總有著這種現象存在著，也因為這樣子，讓我們的治療過程引人入勝。但也可能像是兩個不同語言的人在溝通著，路要往哪裡走的過程，有時目的地聽來是清楚，卻可能只是路過者心中不自覺地自行改裝過的聲音呢，並試圖在那些聲音裡尋找並傳達出什麼是自己。

有些理論的吵雜聲是來自，佛洛伊德古典案例失聲後的歇斯底里，到後來被比昂（Bion）關切的無名的恐怖（nameless terror）所帶來的失聲，同樣的失聲和失語，卻是一路上吶喊著，被大家的眼光所關注，它們在精神分析的後設心理學史（meta-psychology）裡，經歷了什麼的風波呢？它們未來的命運是什麼呢？這涉及了我們想像的內容，例如什麼是「深度心理學」？當它的發展從不

自覺的潛抑（repression）作用，到意識的克制和壓抑（suppression），藉由探索它而打開精神分析的大門，直到後來被佛洛伊德關注的分裂機制（splitting），從理論史的裂縫裡湧出來，雖然它早就是人性或心智的一部分了。

　　某個案重複抱怨著，母親當年對她的言語傷害，常常罵個案沒有用，不如死去算了，或罵說她根本不該出生的。在這些恐怖情況下，個案是如何存活下來，並形成「自己」是什麼人的感受呢？「自己」是ego嗎？可能不全然是，但在本文，我們從ego談起，來認識「自己」會是什麼？「自我（ego）看似是某種獨立統一的東西，跟其他東西可以明顯區隔。但藉由精神分析的研究首度發現，這種樣態不過是騙人的，反之，自我沒有任何明顯界線地向內延伸，進入一個潛意識的心理實體，我們稱之為本我（id），而自我只是本我的一種外表。關於自我和本我的關係，精神分析還有話要說。但是，無論如何，對於外在世界，自我似乎要維持清楚而鮮明的邊界。……從病理學上我們熟知在大量的病理狀態下，自我和外在世界間的界線變得不確定，或者界線被劃錯了。……進一步反思表明，成年人的自我感覺不可能從一開始就是一樣的，它一定經歷某種發展……」（呂思姍中譯，出自Freud, S., Civilization and its Discontents, 頁

　superego押著id，但id不是省油的燈：從佛洛伊德說的談他沒有說的

66-67，1930，英文標準版第21冊。）後來，這個案的母親，和父親吵架後，就離家出走了，從此一直是失聯的。

直到父親因病過世後，有一天母親才突然回家，她至今仍不知母親是如何知道父親過世的事？現在，她和弟弟妹妹及母親住一起，她很希望自己可以像弟妹那樣，不理會母親。母親常說，弟弟妹妹不尊重她，但是弟弟妹妹就是不跟母親吵，一心一意在工作存錢，以後要自己搬出去住。個案說她也是這麼想，但是工作上卻無法存下錢，她無奈說，看來只能跟母親一起住，卻受不了母親不斷跟她要錢，當她只能給一點點，無法滿足母親時，母親就破口罵她，笑她沒有能力，不會賺錢，枉費她生下她。

面對這種強大的破壞力，最古典的說法是，「死亡本能是所有阻礙因素中最為強大且完全無法控制的一個。佛洛伊德暗示死亡本能不止和其早期文章中提到過的一樣，是和分析過程遭遇到的許多阻抗有關，它也是引起心理衝突的最終原因。」（彭奇章中譯，出自Freud, S., Analysis terminable and interminable, Editor's note, 頁212，1937，英文標準版第23冊。）不過，我們不認為把這些衝突和破壞力，貼上「死亡本能」的註記，就表示我們真的了解這些破壞力了。我們就先從已有的概念開始談起，但

我們無意就停在這個本能概念上。

　　前述個案對母親抱持著矛盾的心情，想離開又覺得罪惡感。常讓治療師想脫口告訴她，就離開吧，如果真如你說的，離開了，你就解脫了。不過，這種簡單的答案裡，卻常是忽略了，原本的謎題是多重層次的存在，如佛洛伊德所說，「以羅馬城這個永恆之都來類比，它經歷許多統治者，經歷過共和國、凱薩與帝國。現在造訪羅馬，我們仍然可以看到一些各統治時期所遺留下來的痕跡，也必定有不少古代遺跡埋藏在現代城市或建築物下方。」（呂思姍的整理，出自Civilization and its Discontents, 頁69-70。）這概念在當代來看，仍是重要值得保留的說法，這些說法和複雜性，使得治療師能夠節制著這些直接的建議，治療師知道，這些話也是個案說了不知多少次的話了，如果再由治療師口中說出來，那是什麼意思呢？這是克制、壓抑和節制或忍耐，出現在治療師的心中，但這只是小不忍則亂大謀嗎？那麼大謀是什麼呢，是誰需要大謀呢？

　　對於這種情境，如果只從個案所說的矛盾來看，是常會浮現，何以不離開母親呢？至少她也看見弟弟妹妹的做法了啊，弟弟妹妹就是很忍耐啊，他們忍耐著母親的言語攻擊，也不回嘴。他們心中的大謀就是，有一天，有足夠錢了，就可以搬出家門，過著自

己的清靜日子。她是相信只要時候到了，弟弟妹妹就會這麼做。但是她對於自己的忍耐，卻始終是矛盾的心情，甚至不知忍耐是爲了什麼，只覺得這是永無止盡的忍耐和折磨。這是忍耐或折磨呢？兩者是不同的，或者是相同的事呢？她不是沒有榜樣，讓她學習如何忍到底，不理會母親。

只是何以個案無法學習弟妹的方式呢？同樣都有在忍耐啊，何以就是差那麼多呢？看來表面的忍耐，是有著千面人的樣子，可能涉及早年姐妹弟之間的相互競爭，這些競爭在當年，可能是心有千千結，而這些結至今，仍是糾結萬千，無法讓她學習弟弟妹妹，這般直線型乍看乾淨俐落的忍耐做法。對個案來說，如同佛洛伊德描繪的「生命，如我們所發現，對我們來說太困難了；它帶給我們太多的痛苦、失望和無法完成的任務。爲了忍受它，我們不得不用姑息的方法。……或許這樣的方法有三種：有力的偏離：使我們不在乎自己的悲慘；替代滿足：使痛苦減輕；中毒的物質：使我們對痛苦不敏感。這類事情是不可或缺的。伏爾泰完成《老實人》後，給了一個忠告：『人們應該耕耘自己的花園』，這就是心智的偏離；科學活動也同樣是這種偏離。替代滿足，如藝術所提供的，是對立於現實的幻覺，但因幻想在心智生活的角色，替代滿足並不會減少其心理上的有效性。中

毒的物質藉由改變身體的化學而影響身體。但是要理解宗教是處於什麼位置並非這麼容易，我們得看遠一些。」（呂思姍中譯，出自同上，頁74-75。）

另外，她的狀態容易讓治療師覺得，個案是站在風中的線條上，驚恐的表情，有著某種難以說清楚的勝利感。治療師浮現的納悶想法，是勝利感在克制和忍耐，變成如同風中的那條細線，就是她所站立的那條細線？

如果她要眞的做自己，讓自己快樂過日子，只要切斷這線條，就可以從風中的線條上走下，來到平地不就平順了嗎？只是如果這麼簡單，何以做不到呢？從佛洛伊德的角度來說，「人類本身的行爲顯示出人生的目的和意向，那人類想要什麼呢？對這個問題的答案是毫無疑問的，他們尋求快樂／幸福（happiness）；他們想要快樂並且持續下去。這個努力有兩個面向，正面的和負面的。一方面，在於痛苦與不愉悅的消失，另一方面，是經歷強烈的快樂。在狹義的定義上，「快樂」這個詞只與後者有關。和此雙重目標一致，人類的活動也發展出兩個方向……正如我們所發現的，快樂原則的程序決定了生命的目的。」（同上，頁76）如果反過頭來看，這條線索看似脆弱，卻是相當堅固，如同個案反複說著相同的故事，每說一次就在這條細線，加上一層保固。後來說

著說著，就變得更像她不是想要把這條線給切斷，這可能只是治療師還一直牽著，個案所說的矛盾，要切割離家，或是否和母親講和的矛盾。不過故事其實早就無聲無息的，走到了矛盾背後的失落，但為了不能失去，只得再重複地加強這條細如游絲的情感牽連。

意味著這線條是個案和母親之間必要的線索，隱然如同生命的臍帶，是難以再割捨的臍帶了。這條再建造，再建構出來的臍帶，是有著重要的連結功能，是她輸送給母親金錢養分的臍帶，像是回饋，卻同時像是她扮演了，當年的母親輸送養分給她。雖然母親仍很嫌棄她，能提供的總是不夠用，這種不夠用就是當年失落後的空洞，所留下來的更新版本，更新的是後來故事的人事物，但是空洞依然，失落依然，憤怒依然。

風中再造出來的這條線索，不是一般想像的，以為離開母親就可以自由了，就可以不再被母親約束和剝削，何不就趕緊直接切斷線條，就一了百了。何以如此簡單的想法，曾在個案的心思裡重複的翻攪，如同海浪無止盡地拍打著岸邊的沙灘，但她卻不曾真正的成功離開呢。就算是她曾短暫成功的感覺，但是深度心理的實情，仍可能呈現著，如James Strachey對佛洛伊德理念變化的描述，「佛洛伊德在本文中有表達一個與他先前觀點的不同之處，甚至是相互矛

盾的，就是他對於精神分析的預防能力表示懷疑。他不僅對於精神分析預防新的精神官能症之發生有所懷疑，也對於防止已被治療過的精神官能症復發有所懷疑。」（彭奇章中譯，出自Analysis terminable and interminable, Editor's note, 頁213。）我們主張這種變化的可能理由，是我們的理解仍有限，我們可能常會說，這是她還無法斷了臍帶，是一條成人式的臍帶，是相互輸送個案也需要的東西。

例如，某種等待，等待母親會反悔，她以前離開她們；或者等待母親可以不再對她惡語，或者等她變成母親，而母親退化成當年個案的小時候，或者母親在某種突然的情況，給了她一個溫柔。她不能打斷這條連結，不然她這輩子就真的一無所有了，以前的一無所有，畢竟還是撐過來了，但是如果自己切斷了，而讓自己一無所有，她還沒有想要真的這麼做，她還不想真的一無所有。

在這種情況下，常見個案會不停地問著治療師，為什麼不給她要的答案？這可能是藉由不停的疑問，來緩解有真相和答案本身太殘酷的受苦，而「另一種抵禦痛苦的技巧是通過我們的心理裝置所容許的「力比多的移置」（displacement of libido），用這種方式心理裝置的功能可以彈性大增。在此的任務是轉移本能目標，使其不受外在世界的阻撓。本能的昇華

作用對此亦有所幫助。若個人可以從心理和智識工作資源中獲得高度的快樂，那他的收穫就是最大的。在這種情況下，命運幾乎對他無能為力。這種滿足，如藝術家在創作中的快樂，賦予幻想血肉，或者科學家在解決問題或發現真理，都有一種特殊的性質，我們終有一天可以對此給出後設心理學的說法。目前我們只能隱喻地說，這種滿足是「更細緻、更高級」。但是和從原始的本能衝動而來的滿足相比，其強度是溫和的。……而且此種方法的弱點在於無法廣泛運用，只適用於某些人身上。……就算對於擁有特殊天賦的少數人而言，運用此法也不能完全避免痛苦。它沒有刀槍不入的盔甲來抵禦命運之箭，當個人的身體成為痛苦來源時，此法經常失敗。」（呂思姍中譯，出自 Civilization and its Discontents, 頁79-80。）

就算治療師想嘗試幫助個案，可以多想一些可能性，但是個案仍會是不斷地疑惑，為什麼地問著治療師，這讓我想起了，不少小孩在發展過程裡，有一小陣子會不斷地問大人「為什麼」，很多的為什麼，甚至問著相同的問題，有了答案卻始終不是她要的。她所要的，對於這種情況自然會覺得，是我們說得不夠清楚，因此會再多說幾次，直到覺得明明說得很清楚了，已經變成雞同鴨講了。

然後我們可能覺得，對方不願意聽進我們提供的

想法。這在精神分析的術語裡，「阻抗」這詞會馬上插隊來宣誓立場，表示這是它要管的領域，其它的都先站一旁，不過這個想法就算直接說出來，常也無法改變這種景象，因此它可能還有其它的內容，待分解得更細緻。

關於「阻抗」，依照James Strachey在英譯版的簡介裡說的，「此論文整體對精神分析的療效呈現出一種悲觀主義的論調。精神分析的限制不斷被強調，治療程序面對的困境與橫亙在前的阻礙也被堅定的強調。」（彭奇章中譯，出自Analysis terminable and interminable, Editor's note, 頁211。）他進一步表示，「佛洛伊德總是清楚知道這些影響分析成功的阻礙，並總是準備好要去探討它們。甚至，他總是渴望將注意力導向非治療層面的興趣，這讓他有個方向去鋪成其偏好，尤其是在他的生涯晚期。」（同上，頁212）

如果這個對話場景是一種線條，連結著說話的兩方，可能還有其它的恐懼，或者一直問「為什麼」時，是有種不安和受苦煎熬著發問者。甚至得到的答案，不是自己要的，因而有了失落感，或者反過來是有種難以言明的失落感存在著，因而只能一直以「為什麼」重複的問，為什麼，藉以防衛這種強烈的失落感。尤其是對另一方的強烈感受時，使得能夠使用疑

superego押著id，但id不是省油的燈：從佛洛伊德說的談他沒有說的

問「為什麼」，來遮掩更大的受苦難解的問題，因這只能以為什麼做為命題，「為什麼」的疑問可以有很多創意和答案啊，為什麼只有一個很難被了解的答案呢？

這種情景像是某種線條穿梭在兩人之間，儘管是以「沒有得到滿意的答案」做為表徵，因為沒有得到滿意本身，就是一組約定成俗的命運，是性格所布局走出來的命運，跟天意的降臨有所差別的是，不是以冒然切斷的方式來對待這條線索，如果有前述的這種可能性的話。但是臨床上仍得面對的難題是，我們的語言是否能夠處理，潛在地存著但還未浮現上來，形成眼前當下明顯的衝突經驗？使得我們只能透過經驗來假設，有著某些潛在的動力正在某處作用著。

James Strachey整理佛洛伊德的論點後，是這麼說，「佛洛伊德對此的懷疑基礎似乎是認為不可能處理不是當下的衝突，以及將潛在（latent）的衝突轉化為當下的衝突之強烈反對。這一立場不止是對於治療歷程的觀點改變，對於多數的心理事件之看法也是如此。」（同上，頁214）我是覺得這種可能性很高，但還需要更多臨床的經驗累積，來想這條線索也是臍帶的象徵，是年紀夠大到開始要使用可以說得出來的語言，來玩味這條臍帶千面人般的意義。

例如，被收養者問著，為什麼是我，不是弟弟妹

妹，小時候被送到阿公阿嬤家養大的小孩？爲什麼不是哥哥呢？也許這個疑問存在本身，就是一種文明的成就，如同小孩在母親不在旁時，玩著自創的遊戲，而不是哭鬧不停或破壞東西。但是這種文明的疑問畢竟仍可能帶來了，對於失落和憤怒的壓抑，讓這裡頭的忍耐，再現了失聲後的文明，卻也可能同時因壓抑而衍生新的不滿，這讓壓抑、克制或忍耐等文明，需要有更多的想像空間。

第一堂

- Freud, S.(1937) Analysis Terminable and Interminable. SE.23, Editor's Note, p.211-215.
- Freud, S. (1923) The Ego and the Id. SE.19, Editor's Introduction, p.3-11.
- Freud, S.(1930) Civilization and its Discontents. SE.21, Editor's Introduction, p.59-63. & part I and II, p.64-85.

superego押著id，但id不是省油的燈：從佛洛伊德說的談他沒有說的

第二堂

哀悼是浪花，憂鬱是大海

　　深度心理學是指什麼？有多種說法，如果從潛意識變成意識的過程（前意識的功能是什麼，緩衝或另有再製的過程？）所建構出來的心理學，在佛洛伊德和後續追隨者的探索和描繪後，成為深度心理學的一支。「我們稱概念在被意識到之前所處的狀態為潛抑，在分析工作期間，我們稱執行潛抑與維持潛抑的力量為阻抗。」（彭奇章中譯，出自Freud, S., The Ego and the Id, 頁14，1923，英文標準版第19冊。）至於什麼是潛意識？「對我們來說，被潛抑的狀態是無意識的原型。我們看見具有兩種類型的無意識——一種是潛伏著但是可以變成意識的，而另一種是被潛抑且本身是無法變成意識的。」（同上，頁15）

　　但是臨床經驗已顯示，只是把某些記憶從潛意識變成意識，並不足以解決問題和症狀，因此有第二拓蹼學的出現，佛洛伊德加進了自我、原我和超我等，做為心智的代理者或代言者，用來觀察和說明何以會出現阻抗，因而使得意識化的想法和情感，仍無法帶來如預期的效用。

所以它們從人性的江湖裡現身，多少是有著要被標示，它們是如何發揮作用，以及如何帶來改變的困局？因此帶來的新的課題，它們是一家人嗎？它們的關係是怎樣？它們之間如何合作，合作所依據的準則是什麼呢？畢竟總不能是它們湊在一起亂打一通吧。「自我也進行著潛抑，藉由潛抑來將心智中的某些傾向排除，不僅是從意識中排除，也從其他形式的效應與活動中排除。在分析中，這些被拒之門外的傾向站在自我的對立面，分析面臨的任務是移除自我對被潛抑者所展現的阻抗。」（同上，頁17）我們因此可以進一步想像，超我或原我，如何帶來了分析的困局，或這些困局只是歷史上某些分析者做為外來的客體，在運用這些概念的發展過程，勢必會遭遇的問題？

　　對於自我功能的觀點，例如，過於強調自我功能的適應社會，會遭質疑精神分析的功用是用來讓人適應社會？如果是這樣，意味著是假設我們身處的社會就是完美了，我們只能談論如何適應它嗎？使得「自我心理學」（ego psychology）的某些論點，一度帶來的負評，讓精神分析被窄化了。不過我們還是主張，難以避免再仔細觀察和想像，自我（ego）在心智世界裡承擔的某些角色和功能，不必然得沉浸在當年自我心理學的某些侷限。

　　我們不是要恢復自我心理學的榮光，那跟我們

不是那麼有關的歷史。「我們已經有一個觀念是每一個獨立個體的心智歷程中都具有一個連貫性組織；我們稱其為自我（ego）。意識是依附在自我上的；自我控制著動力的途徑，亦即將興奮釋放至外在世界；它是監督自身組成歷程的心理部門，它在夜晚入睡，但仍會對夢執行著稽查作用。（p.17）」（同上，頁17）我們是抱持著，「自我」依然扮演著它的角色，除非我們再重新命名，它目前所承擔的某些心智功能。

畢竟，它的角色從臨床看來，是無法不正視它的存在。只是我們要將它放在心智理論裡的何種位置？不必然是要回復自我心理學，這麼大的一個招牌，目前我們的出發基地也不同了，歷史上，精神分析在其它國家曾經歷一段榮光，在逐漸消褪的掙扎時，目前是穩定往前的狀態，尤其是在亞洲地區的發展，而我們在台灣，是在穩定的基礎上擴大發展中，在論述上是需要從我們的臨床立基，來想想我們的議題。

我的經驗是，近年來，失落和憂鬱相對被著重，以及邊緣型和自戀型的課題，也是同台上演的重要焦點。John Bowlby在他系列的書，分離與失落創傷裡，處理的就是這個主題，他發展出依戀理論（Attachment theory），只是後來的進展和精神分析的主流漸行漸遠。目前是有Mary Hepworth

（以前名字是Mary Target）等人，想要以他的論點為基礎，再拉回診療室裡來思索，這以「心智化」（mentalization）的概念尚在發展中。

佛洛伊德當年的說法之一，「過去曾被動體驗過創傷的自我，現在以一種微弱的方式主動地重複創傷，以期能夠進行自我指導。無疑的，兒童透過遊戲的重現顯示，他們正以這種方式對他們接收到每種憂傷印象做出行為反應。以這種從被動向主動的轉變，試圖從心理上對其經驗加以控制。」（王明智中譯，出自Freud, S., Inhibitions, Symptoms and Anxiety, 頁167，1926，英文標準版第20冊。）在目前的臨床實作裡，視野上不再只是當年，歇斯底里和強迫症等精神官能症是主要出場者，它們占據著舞台上眾多角色的特寫鏡頭，是鎂光燈聚焦的所在，精神分析是這樣子成長和豐富羽翼。

佛洛伊德在《克制、症狀與焦慮》（1926）的附錄裡，表明他對於失落和受苦的深入有限，在這篇裡他重整以前對焦慮的主張，但也更打開了視野，看失落、憂鬱和苦痛。雖然他在1915年的《哀悼與憂鬱》裡，就提出了這些主題，只是並未在理論上深入擴展。「焦慮乃對失去客體之危險的反應。我們已知道失去客體的反應就是哀悼。因此問題是，這種失去何時導致焦慮？何時導致哀悼？……在前面關於哀悼的

superego押著id，但id不是省油的燈：從佛洛伊德說的談他沒有說的

討論中，我發現有一個關於它的特徵尚未釐清。就是它特別痛苦。與客體分離是痛苦的，這點無庸置疑。因此，問題變得更加複雜：什麼時候與客體分離會產生焦慮？什麼時候會產生哀悼？什麼時候產生的，可能只有痛苦？」（同上，頁169）

　　我們目前，也不需要像當年，因納粹黨人的迫害，從維也納流亡異國的精神分析師們，為了保護精神分析，而可能顯得過於保護古典論述的盲點和困局。畢竟為了保護，就可能出現假設，好像已經對什麼是自我，有了充分的認識了。因此產生某些堅持，但是至今來看，我不認為我們透徹了解什麼是自我了，因此我們是重新再以不夠了解的態度出發，僅先站在已有某些了解的基礎上來說，目的是想先破解以前的爭議，至於可以再有什麼新的觀察就看後續了。

　　至少我們再來看看，自我被窄化成防衛機制，做著好像如同機械式的保護動作，讓自己可以適應外界。不過，其實可能不只如此，因為就現有的論點來看，不只是如此看待自我而已，而是自我有著佛洛伊德所說的，自我需要服侍三位嚴厲的主人，原我、超我和外在現實。自我所做的不只是防衛而已，而是有著在妥協和平衡裡，讓三位主人滿意的工作。這雖是奴僕的工作，但自我是需要精細的工作，它的工作是相當的藝術，如果我們無法好好正視看待自我的工

作，可能就會委屈了自我。

　　至於沒有「哀悼」這件事，有的是「憂鬱和哀悼」，也就是試圖要說明，人生的眞實裡經歷眾多複雜的失落，是否可能只是哀悼這些失落，而不是憂鬱？佛洛伊德的說法，「我們尚未知道對失去客體的另一種情緒反應，那就是哀悼，但卻不難去解釋它。哀悼在現實測試中產生；後者的功能對喪親者提出了不容挑戰的要求，就是將自己與不復存在的客體分離。哀悼被賦予一項任務，要從所有情境中接收高度灌注的客體身上，撤回灌注。這種分離該是痛苦的，與我們說過的相一致，對集中於客體身上的渴求（longing），那種高度與不可滿足的灌注來說，喪親者必須在重現的情境中，將他與客體綁在一起的種種加以抵銷。」（同上，頁172）

　　我是主張，只有哀悼是一種應然的理想，但不是人生實然的現實。是否人都是在各式不同程度的憂鬱裡，沒有純然地達到只有哀悼的狀態，那是人生的不可得，或者因爲實情上的不可得，而再度建構了失落？只要有哀悼的期待，就是在對必然失落的控訴，只因它的不可得，而自我在這種處境裡，在原我和超我的施壓下，和它們動態地開展活下去的人生策略。

　　葛林（André Green）的論文《死亡母親》（The Dead Mother）的說法，是針對克萊因學派，

對於負面移情的詮釋技術，他描述某孩童在母親憂鬱後，孩童突然失去了原本的樂園，母親如同死亡，小孩在後來呈現出來的行為和態度，移情至分析師時，彷彿分析師也是個已死的人，對於這種情況下的移情，不是以詮釋來處理，而是需要被同感。就這點來說，葛林舉例憂鬱母親和孩童的失落，所針對的都是失落後的空洞感或和苦痛（或者以無力感、無助感和無望感來呈現）。

這使得失落變成是主體了，變成主詞，引導著人們後續的心理反應，如同影子是主人。我們如何和失落交易，分配內心的能量，讓自己可以活著，活下去呢？這是失落的主體後，人開始流浪的歷史，當失落是主角，過著它的餘生，卻也在尋找餘地。什麼是餘生的餘地？那是什麼樣的場域呢？

至於在其中的受苦，佛洛伊德曾以身體的苦痛來模擬，「當身體出現痛苦，在痛苦發生之處，可以稱作是高度自戀灌注。這種傾向持續增強，會造成自我的掏空。……在此我們會找到一種相似性，將痛苦的感覺帶往心智的領域。對於聚集在消失或失落的客體，對其渴求的強烈灌注（因為無法撫平而穩定升高），創造出和聚集在受傷身體部位的灌注一樣的經濟條件（the same economic conditions）。」（同上，頁171）這裡所說的「灌注」，是從物理的能量來

說，當注意力集中、投注或投資在某領域時的說法，也有著分配能量或心思注意力的意思。

另外，「如果出現的不快樂帶有痛苦的特殊性質（無法再更精準地描述），而非以反應性的焦慮形式顯現，或許可以把它歸因於在我們的解釋中尚未充分使用的因素——當導致不快樂情感的過程發生時，正是高度灌注與『連結』（binding）佔上風的結果。」（同上，頁172）而且同時，其它的症狀和自我及超我等，也都是主體，如同「不快樂」和「痛苦」也都具有自主性，都有自己的話要說。它們之間如何溝通交流呢？在這個交流過程，會有某種被稱呼做「阻抗」的陣勢出現，阻抗是指什麼呢？

當有人（是誰）相信，要把古老的記憶找出來，但是希臘戲劇裡，伊底帕斯知道自己曾弒父娶母的真相後，卻是刺瞎自己的眼睛，說這是他最後一次看見真相，開始在女兒安蒂岡（Antigone）的陪同下四處流浪。那麼阻抗是讓自己盲目於真相，或者是為了餘生和餘地的探詢，而不想盲目呢？伊底帕斯的命運，如何從他刺瞎自己，和安蒂岡陪同流浪談起，如果跟「伊底帕斯情結」有關，意味著後來的人生，就從流浪開始談起？在人的心理已經死過了之後的餘生，開始尋找餘地的過程？

佛洛伊德著重「焦慮」所呈現的矛盾，生死動

superego押著id，但id不是省油的燈：從佛洛伊德說的談他沒有說的

力的矛盾，這和失落的空洞感之間，是內在心理世界的不同領域？或者焦慮更像空洞感裡，為了活著和活下去，自我動員起來後，所帶來的矛盾和焦慮呢？對於以焦慮和矛盾為主要課題者，要花多久的時間處理他們的問題，佛洛伊德曾以「狼人」為例表示，「對於這種具脅迫性質之做法的價值，只有一個定論：有人在正確的時間提供這種方法，是會有效的；但無法保證能完整地處理問題。」（彭奇章中譯，出自Freud, S., Analysis terminable and interminable, Editor's note, 頁218，1937，英文標準版第23冊。）

　　佛洛伊德在晚年論述這些時，仍是圍繞著以焦慮、歇斯底里和矛盾的視野，而所謂完整地處理問題，「完整」是指什麼呢？是我們在本系列文章，要探索的失落和憂鬱的情境？或是還有其它的？我們是認為還有其它的領域待探索，而有「相反的，我們可以確定的是，當部分材料在此脅迫壓力下變得可被觸及時，另一部分則仍會一如既往地被保留且掩埋，因而白費了治療的努力。」（同上，頁218）

　　如果要重新解讀佛洛伊德的重要論點之一，例如伊底帕斯情結或陽具欽慕（penis envy），這兩組左右著精神分析理論的重要概念，除了性和焦慮之外，都有著重要的背景，就是都沒有得到原先欲望想要的客體，或者覺得失去了原來該擁有的，我們可以從葛

林的《死亡母親》案例，來探索的是失落和憂鬱。這和伊底帕斯情結以及陽具欽慕之間的異和同，讓我們對於失落和空洞受苦的更細緻思索，來豐富精神分析後設理論。失落、空洞感、受苦（suffering）和悲慘（misery）之間的連帶關係，也是值得再細思的素材。

當佛洛伊德提及精神分析的方向，我加工後的說法是，覺得自己無辜地遭遇重複的不幸，所呈現的「潛意識的悲慘」（unconscious misery），在精神分析的過程，能夠蛻變成「意識上的不快樂」（conscious unhappiness），就是人性的重大成就了。其實這是漫長的人性工程，雖然「經驗已經教導我們，精神分析取向治療——將某人從其精神官能症症狀、禁制與性格違常中解放出來——是一件耗時的工作。因此，自一開始就有縮短分析期間的嘗試。」（同上，頁216。）

Otto Rank主張出生創傷理論，技術上只要分析這個原始創傷後，就可以擺脫精神官能症，但佛洛伊德覺得「我們對於實施Rank的計畫可以替病人做些什麼知道的並不多。可能不會比在處理一間因為油燈翻倒而著火的房子時，消防人員只滿足於將油燈從起火房間移走的處置要好到哪去。」（同上，頁216）至於從不快樂到快樂，不必然列進精神分析的工作範疇，

不過既然是從不自覺的悲慘，到意識的不快樂，意味著對他來說，其實，只有哀悼，對某些人是不可能的實情，而是有不同程度的憂鬱和哀悼的混合，沒有純粹的「只有哀悼」？

佛洛伊德是這樣說，「現實感測試顯示出所愛的客體已不復存在，並進一步要求所有依附於客體的力比多要被撤回……然而其命令無法一時之間被遵從。它們是一點一滴被執行，以時間與宣洩能量為代價，同時，失去的客體轉為精神長存。……當哀悼工作完成後，自我（ego）再度自由與不受限制。」（呂思姍中譯，出自Freud, S., Mourning and Melancholia, 頁245，1915，英文標準版第14冊。）如前述，哀悼被當做是人性的正常反應的過程，雖然這段時間是多長久才落於「正常」，是有美國精神醫學會出版的「精神疾病診斷與統計手冊」（DSM）的定義，不過就算有科學數據，總有著人為決定的因素，仍是一個值得討論的議題。

再來看看焦慮和憂鬱的關係是什麼？其實這仍會是各種想法交戰的所在，包括什麼是焦慮，什麼是憂鬱，就算目前由於美國精神醫學診斷條例的強大運用範圍，但是從精神分析的角來說，對於焦慮和憂鬱的觀點，和精神醫學是不見得完全相同的立場。在我們真正了解這些症狀的情況前，這些不同聲音仍是值得

存在，也都會留下重要的文明資產。畢竟要了解這些百年至今的焦點議題時，仍是一個值得探索的課題，相對於人性或心智是什麼來說，焦慮或憂鬱等，讓人們受苦的經驗，是否是人性或心智的象徵或比喻，或是另有更深層的人性或心智？

佛洛伊德的說法是，哀悼是在可知的外在客體失去後，外在世界變得貧乏和空虛，而憂鬱則是內在世界出了狀況，「憂鬱是在某種未知的東西失去後有著類似的內在工作，因此要為憂鬱式的抑制（melancholic inhibition）來負責……憂鬱顯示出哀悼所缺乏的東西—異常的減少自我關注（self-regard），大規模的自我匱乏。哀悼使世界變得貧乏和空虛，憂鬱則是自我貧乏和空虛。病人表現出自我是無價值的、無法獲得任何成就與可鄙的；他責備自己、誹謗自己並期待自己被驅逐或受罰。」（同上，頁246）

例如，憂鬱是如同失落而空洞般的存在，而空洞裡則是無力感、無助感和無望感，所推擠出來的複雜現象，構成了憂鬱的模樣。讓憂鬱做為複雜現象的代表者，而焦慮和恐懼則是另有代表，因為我們無法只從表象的焦慮和恐懼，就知道它們的潛在因子是什麼？以常見的這些個案的自我批評為例，佛洛伊德的主張是，「自我」的一部分對抗另一部分，嚴厲批評

superego押著id，但id不是省油的燈：從佛洛伊德說的談他沒有說的

它，把部分的自我視爲一個客體。……這個批判的機制一般稱爲「良心」。……如果有人耐心聆聽憂鬱者諸多的自我控訴，其無法避免此種印象——卽當中最嚴重的指控無法完全指涉於病人本身，反而在微小的修正後確實符合另一人，卽病人現在所愛、過去所愛或應該愛的那個人。……自我指責乃是針對所愛客體的指責，那個愛的客體已移入了病人的自我裡。……病人不感到羞恥也不隱藏自己，因爲他們所說關於貶抑自己的話語其實是指涉他人。」（同上，頁247-248）

它們是內在各式心理被「取代」（displacement）和「濃縮」（condensation）後，所呈現的代碼和象徵，或者它們更像是駐守在憂鬱空洞洞口的火龍，讓我們所派遣出來的語言，難以接近洞口，更遑論這些語言能夠被思考，畢竟在難以找到縫細進入洞裡，去經驗空洞裡是什麼模樣，或者說焦慮和恐懼是否是讓我們有機會，可以接近失落的憂鬱所在的空洞？

這也是「閹割焦慮」的基礎，會有這焦慮是否意味著，因爲曾有失落的經驗和想像，因此害怕會失去陽具。本質上，是失落的經驗爲基礎，但有焦慮總是跳出來護駕，讓人免於經驗失落的感受，顯示著這種失落的經驗是更受苦，更難以被接受的經驗。而這裡的陽具，也是某種重要客體的象徵比喻，因此閹割焦慮，更是在象徵之上的另一個象徵。

第二堂

・Freud, S. (1937) Analysis Terminable and Interminable. SE.23, part 1, p.216-219.
・Freud, S. (1923) The Ego and the Id. SE.19, part 1, p.12-18.
・Freud S. (1915) Mourning and Melancholia, SE.14, p.237-258.
・Freud S. (1926) Inhibitions, Symptoms and Anxiety, XI: Appenda, SE.20, p.157-175.

第三堂
以更多疑問，創造了迷霧森林

　　個案重複的說著，聽來是無望的情節，他自己也說，他對爸爸的改變或不改變，都不再抱著希望了。事情都已經過去了，就算他現在有所改變，他卻覺得只是能高興一下子而已，就像他覺得自己會認眞做好，一件爸爸交待他的事，在做的過程裡，會很認眞的想要把它做好，但是完成後，他卻很快就覺得，沒什麼，再度陷在心情不好的情境。

　　這種堅定如同佛洛伊德的好奇，「首先，由於歇斯底里的意識解離傾向，令人痛苦的對立想法似乎會被抑制，和意圖分離，並且繼續以斷連的想法存在著，通常病人對此是無意識的。……其次，當涉及意圖的實現時，被抑制的對立想法會透過身體的神經分布來發揮作用，如同正常情況下的意志運作一樣容易。對立想法建立自己的方式是以一種反向意願存在，病人感到驚訝的是自己具有堅定但卻無能爲力的意志。」（彭奇章中譯，出自Freud, S., A case of a successful treatment by hypnotism, 頁122，1892-93，英文標準版第1冊。）

　　個案如何說早年的故事，不是如一般想像的，就

是說出「原本的故事」，而是有著「建構」的意味，由於他說的故事，都是指向沒有出路，就算可以把事情做好。但是在那時，他只是浮現出更多的疑問，為什麼要做這些呢？這是他要的嗎，這是自己要的人生嗎？更覺得茫茫然的感覺，比在完成前更是茫然。他心中浮現的疑問，多得如同自己在成功後，馬上就走進了迷霧裡，由很多疑問所升起來的迷霧森林，更讓他覺得四處無人的孤單感。

也就是，對於早年創傷的人來說，有時候成功地達成某些目標，卻更像是在復刻著挫敗感的另一種型式，成功讓那種挫敗感突然地明朗起來。佛洛伊德在早年，曾試圖連結神經學和心理學的說法，雖然這種說法後來並未深入，那是他剛出發的左思右想，要來解釋臨床的謎題和迷霧，「對立想法佔上風時會導致廣泛的耗竭……而耗竭的是神經系統，也就是與原初意識連結的想法背後的物質基礎。……而這被排除在與正常ego的連結範圍之外的被抑制與潛抑想法，本身並未耗竭。他們在歇斯底里時占據主導地位。」（同上，頁125-6）

如何回到古典說法尋找立論基礎，再往前想像這些景象的心理路徑呢？佛洛伊德對於自我和原我（本我）的關係，說明如下，有助於我們想像，何以臨床上仍是迷霧多於清明時，所涉及的享樂原則和現實原

superego押著id，但id不是省油的燈：從佛洛伊德說的談他沒有說的

則，兩種原則交織做出決定的複雜多元性，「很容易看得出來，自我是本我的一部分，它透過知覺意識系統的中介，來調整外部世界的直接影響；就某種意義上而言，這是表層分化的延伸。此外，自我試圖將外部世界的影響力帶給本我及其傾向，並努力以現實原則取代在本我中不受限制的享樂原則。」（彭奇章中譯，出自Freud, S., The Ego and the Id, 頁25，1923，英文標準版第19冊。）

如果我們只是一心一意地，要引導他走出迷霧，將會發現他會說出更多的疑問，做那麼多有什麼用呢？讓診療室裡，馬上升起濃濃的迷霧，對於這種情境的處理，也許首先需要，對於個案的無望感有些回應。不過，不是以一些虛幻或表面的鼓勵，而是如何提供某種「錯覺」（illusion），也就是在個案覺得「此路不通」，就等於「沒有路了」的情境，如何創造出還另有路的感受？雖然難題是如何只是「另有出路」，但不是一定就是那條路，而且不是直接勸說的方式，硬要說服個案另有出路？

在精神分析的技藝裡，是主動地依循著個案的故事（常只是重複傳達出無望感、無力感和無助感的故事），以「自由飄浮的注意力」（free floating attention）的方式，尋問個案他所說故事裡的某些情節或想法，但不是針對某個特定問題一直深入，而是

以拉大場面式的尋問探訪。

　　「建構」是有著主動的創造氣氛，讓原本多年來死氣沉沉的古老故事，經由我們的好奇而重建故事，看是否能有所開展出更多的新視野，再觀察那些常被談論的古早視野。佛洛伊德在《分析裡的建構》一文中指出：「分析建構要以回憶回終點，雖然說要達到這種情況並不容易。……但是在一些令人印象深刻的情況下，會看到在成功的建構之後，病人開始訴說一些清晰的饒有細節的夢、幻想、與回憶。這可以說是一種妥協的產物，也就是建構激活了潛抑的東西，回憶湧現的時候隨即被阻抗所作用，但是動力已然成形，因此就回憶起周邊看似不相關的東西。」（王明智中譯，出自Freud, S., Construction in Analysis, 頁265~268，1937，英文標準版第23冊。）

　　是否讓個案的視野有所挪移，而產生一些變化，雖然精神分析取向是傾向被動，但是在面對個案的空洞感和迷霧，有時是需要治療師的主動，只是主動的內容是如前述，原本個案只在一條線索上打轉或打死結，經由自由飄浮注意力的多方視野，探尋是否有機會發現，竟然原來不只一條生路，可能還有其它生路，值得再仔細探索。

　　只是路途總不是如此平順，我們是需要先有一些說法，再來想想，迷霧和迷題是怎麼回事？「在分

析中，我們發現有些人的自我批評和心理良知的運作（即比較高階的心智活動）是無意識的，且產生最重要的影響。因此在分析過程中阻抗是無意識狀態的例子絕不是唯一的。儘管我們有更好的批判性判斷，但是這個新發現迫使我們說出一種『無意識的罪惡感』，這使我們比其他人更加困惑，並且給我們帶來了新的問題，尤其是當我們逐漸發現大量的精神官能症因爲這種無意識的罪惡感，起了決定性的經濟作用，並在康復中帶來了最強大的阻礙。」（彭奇章中譯，出自Freud, S., The Ego and the Id, 頁27，1923，英文標準版第19冊。）

我無意說這是唯一處理的方式，甚至這麼做，也可能某種程度違背了精神分析期待的「中立」，這是實情，雖然我的做法只是回到佛洛伊德早年提過的，關於分析師的基本技藝，「懸浮平均的注意力」（suspended floating attention）或「自由飄浮的注意力」。這是要治療師不要太快認定，以爲自己知道問題了，因此治療技術上，並不是趕緊隨著自己所知道的一路往深走，就以爲這是走著精神分析的步伐。

不過，並非個案說我們的說法是對或不對，是或不是而已，「當病人說出一個普通的是，不可能沒有曖昧的意思，這當然表示他接受目前的建構對他來

說是正確的；但也可能不代表甚麼，甚至可說是一種虛偽。因為在這種情況下，他的阻抗可以使用同意，來延長那些埋藏事實出土的可能。『是』若沒有伴隨一些間接的認肯，不具任何價值，除非病人再說了是之後，接著產生新的記憶，加以完成並延伸此一建構。」（王明智中譯，出自Freud, S., Construction in Analysis, 頁262，1937，英文標準版第23冊。）

　　這些想法只是要呈現，臨床上有不少個案是處於這個案的類似困局，也是個案常說的疑問，「為什麼我都知道問題了，我的問題卻依然沒有改變？」通常是藉著這個疑問，要把問題拋給治療師承接，藉以認定是治療師未能幫上他的忙，因此害他目前仍陷在受苦裡。如果治療師只往這個方向想，就會陷進這個注定難解，甚至無解的命題裡而難以脫身，進而不是在更寬廣的可能出路裡，摸索其它的可能性。

　　在比昂（Bion）之後，我們已漸了解，人性最終的「無可了解」（unkown）、「無可確定」（uncertain）和「無可撫慰」。不過，這些不是要呈現無力感的憂鬱，而是要載明能夠面對人最終的情況，並且可以有創造力，在面對這種困境依然能夠產生出創意，以有別於因為客體失落，而失望挫折的無力感，但也不是過於誇大的躁症式反應（manic defense），反而在之後惹來更多的空洞和失落感。

　superego押著id，但id不是省油的燈：從佛洛伊德說的談他沒有說的

如果從「自我」（ego）的角色和功能來說，由於歇斯底里和強迫症等精神官能症，在人的心智問題裡是比較花俏，容易展現出來被看得到的現象。「先天體質上的本能強度，以及自我在被錯置（being dislocated）與限制的感受中防衛地掙扎而獲得不利的自我轉變—這些都是不利分析效能的因素，也使得分析的持續無法終止。……與其去疑問分析的治癒如何達成（這個問題我認為已經被充分闡明了），應該問的是究竟是什麼橫亙在治癒的道路上。」（彭奇章中譯，出自Freud, S., Analysis terminable and interminable, 頁221，1937，英文標準版第23冊。）

　　相對於歇斯底里和焦慮等臨床現象，對失落、空洞和死寂來說，這種安靜沉默的力量，的確是能見度較低調。因此在精神分析發展的早期，那些外顯的症狀被當做是主要焦點。也許有歷史的必然性，畢竟得先從外顯的問題出發，佛洛伊德進一步透過談話式治療（talking cure）的分析方法，建構了深度的後設心理學。在佛洛伊德的時代，伊底帕斯情結以及相關的自我功能裡，潛抑（repression）等被當做最主要的核心機制，而開發出來的技術是詮釋移情（interpretation of transference）。

　　佛洛伊德對於自我功能，以及它和原我（本我）

的關係，曾如此描繪，「自我的功能重要性體現在以下的事實上，正常來說，對運動途徑的控制就是取決於自我。因此，就它與本我的關係而言，自我就像一個騎馬的人，他必須控制馬的強大力道；與此不同的是，自我是借力使力，而騎手試圖用自己的力量做到這一點。」（彭奇章中譯，出自Freud, S., The Ego and the Id, 頁25，1923，英文標準版第19冊。）

　　不過當年費倫齊（S. Ferenczi）走得有些超前，甚至走過頭的主動技術（active technique），也許是反映了，佛洛伊德當年在臨床上的某些盲點，也就是在詮釋可以處理的範圍外，另有其它的臨床問題，需要不同的想像和做法。另外，費倫齊抱怨佛洛伊德未能完整分析他，尤其是他和別人競爭的課題，佛洛伊德的回應是，「如果一個人因為外在的困難而阻礙他達成這個目標，最好說這是個不完整（incomplete）的分析，而非未結束（unfinished）的分析。……另一個分析『結束』的意義是更具有野心的。在這個意義中，我們要問的是分析師是否對於病人有如此遠大的影響，如果分析再繼續下去，將不能期待有更多的改變會發生在他身上。」（彭奇章中譯，出自Freud, S., Analysis terminable and interminable, 頁219，1937，英文標準版第23冊。）

superego押著id，但id不是省油的燈：從佛洛伊德說的談他沒有說的

依目前的觀點，伊底帕斯情結和精神官能症是有所關聯，是否我們如佛洛伊德的時代，只從精神官能症來看個案，或是從發展的心理學來說，伊底帕斯情結之前的狀態（或說是「前伊底帕斯期」），不可能不會影響後來症狀的呈現方式和內容，也會在被分析治療的過程裡，影響他們和分析師或治療者的互動樣貌。這種「前伊底帕斯期」的說法，就涉及了目前概念裡的，自戀型或邊緣型個案，常運用的防衛機制，例如分裂（splitting）和否認（denial）機制等。

　　臨床的現象是，個案來尋求分析治療時，以要「做自己」為訴求，期待減少或消除一些焦慮不安等症狀，但常會發現的是，背後總是充滿了失落的創傷經驗。當以要「不再忍耐」做為訴求，好像潛在地主張著，是因為忍耐才造成目前的問題，就好像是把潛抑和壓抑克制，當做是自己問題的起源。但是當他們變得不再忍耐時，所蹦出來的激烈情緒，大都是愛恨善惡強烈分明的情緒，這些是潛在的分裂機制所運作下，出現情感的二分（例如愛恨），以及想法也二分（例如好壞）兩極化的現象。

　　在《以催眠術治療成功的某案例》（A case of a successful treatment by hypnotism, Freud S., 1892-93, SE.1, p.115-128），頁121裡，提到某個案在被催眠後，獲得改善時涉及了概念和情感兩種層

面，但兩者之外另有其它的嗎？或者情感如果重要，那它是如何展現自己而被感受到呢？是否以有否引起感動爲重點，而不是以是否得到什麼洞識爲重點？雖然獲得某些洞識的過程，也會連帶引起某種感動。

以情感的因子來說，如焦慮和憂鬱，日本導演是枝裕和的電影，是如何讓人感動，至於動機是變動中的答案，永遠會有新的語詞和故事，來複述這種深沉的感動。是枝裕和的電影所流露的情感和感動，並不是提供未來會更好的期待，他只是把這種情感說得很讓人感動。相較於個案在分析治療過程裡，如何說得讓那些情感的感動，使自己也覺得感動，某種需要再描述的深沉感動，是否這才是重要的蛻變（transformation）因子？它不是冷漠，卻同時有著躁式熱情的二分法，也就是比昂所說的，能夠感受它（feel it）、承受它或受苦於它（suffer it），而不只是只知道某種洞識而已。

另以考古學所發現的碎片，來想像關於心理「建構」（construction）的意義。佛洛伊德是這麼說：「這提醒我們，分析工作是由兩個截然不同的部分組成，在兩個不同的地方進行，涉及兩個人，每人都配有不同的任務。我們都知道，必須讓被分析者想起他所經歷並潛抑的東西；此一歷程的動力決定因素如此有趣，致使工作的另一個部分，即分析師所執行的任

superego押著id，但id不是省油的燈：從佛洛伊德說的談他沒有說的

務被推向背景。分析師既沒有經歷也沒有潛抑任何正在考慮的材料。他的任務就不會是想起任何事。那他的任務是什麼？他的任務是從那些被遺留下來的痕跡中，去找出已經遺忘的事物，或者更正確地說，去建構它。他將建構傳達給被分析者的時機與方式，及所伴隨的詮釋，構成了分析工作的兩個部分，他自己的部分與病人部分之間的連結。他的建構工作，或我比較喜歡說的重構，很大程度類似於考古學家挖掘某些已被破壞和掩埋的住所或古老建築。實際上，這兩個歷程是一樣的，除了分析師在更好的條件下工作，在他的指揮下有更多材料可以幫忙他，因為他所處理的不是已被破壞的事物，而是依然活著的東西——這可能是另一個使得分析師更得心應手的原因。」（王明智中譯，出自Freud, S., Construction in Analysis, 頁258-260，1937，英文標準版第23冊。）

例如，恐龍的建構，是從挖到古老的骨頭開始的，如同說著古老的人生故事，如何拼湊出自己的樣貌呢？個案說的故事就算聽來完整，只是如果我們太快滿足於那種完整性，就可能會錯失了弦外之音，可能帶來意料之外的了解。畢竟，人在診療室當時的記憶，是如同在考古現場那般，總是由破碎的驚恐的記憶片段所拼湊而來，雖然個案常是以某種完整的方式，要來說出他的故事和想法。

不過，人通常難以承受處在記憶破碎的狀態，因此從小到大就會自動不自覺地，不斷地從破碎的人生，整合成目前的自己的過程，要有個自己來覺得自己是什麼模樣。其實類似在考古現場，從被挖出的骨頭，拼湊成一隻恐龍的模樣，這是被埋沒且死了多年的記憶，卻被建構得如同活了過來，是生和死的交界，外在現實的死卻是心理真實（psychic reality）的活躍。

　　如果依循前述的比喻來看，在精神分析取向心理治療的過程裡，詮釋或者治療雙方建構的過程裡，分析的態度是什麼？就技術來說，詮釋是單一的，建構更為全面（也就是將不同的詮釋、或者移情串聯拼湊出更統整的圖像）。佛洛伊德說：「我們從中了解到，如果我們以某種方式犯錯，為病人提供錯誤的建構，誤認可能的歷史真實，並不會造成任何損害。當然會浪費時間，哪裡也去不了，只會給病人錯誤的組合，不會使他銘感於心，也不會讓治療有所進展，這種單一的錯誤無傷大雅。在這種情況下實際發生的是，對於分析師說過的話，病人彷彿不為所動，對其反應既非『是』也非『否』，可能僅意味著病人的反應被延遲了。如果沒有進一步發展，我們可能會得出結論，就是我們犯了錯。我們將在適當時機盡可能地廣納病人意見，而不犧牲我們任何權威。直到新的

　superego押著id，但id不是省油的燈：從佛洛伊德說的談他沒有說的

材料出現，機會就會降臨，讓我們能夠做出更好的建構，從而糾正我們的錯誤。」（同上，頁260-261）

或者說在建構恐龍的過程，需要什麼樣的態度呢？有科學的態度和藝術的態度，但是想要把恐龍打造出來的心情是什麼呢？以防衛的角度來談，我們的分析態度或中立態度，可能是什麼？畢竟，既然說是態度，意味著是我們展現出來的行動和氣氛，不全然是在語言本身，而是指向言語之外或字裡行間的氣氛。

也許分析治療的最後目標，或分析的態度做為內在心法的話，是指最後讓心中的自己，如同被挖出土的恐龍化石骨架，被我們的想像增添變成有肉、有皮膚、有表情和有情感的模樣。我們看見時，就會如小孩那麼喜歡恐龍，我們在那時刻好像是個自己的小孩子，是自己生下自己後，再看見自己的恐龍模樣，會很高興，很喜歡，雖然被叫做恐龍的，常是很令人害怕的巨大怪物，可能會吞吃掉人呢。雖然也可能有人，會把自己建構成讓人可怕的恐龍模樣。

當然也可以用防衛所建構出來的城堡或城牆為例，來談這種態度的課題，或以我們日常用語裡的心法，來接近這裡所談論的態度的主題。「三個難以回答的問題，一是，真的有永久解決本能衝突的可能性嗎？二是，當我們治療某人的一種本能衝突時，可以

使他免於其他類的衝突？三是，為了預防的目的，我們有力量激起這類病態衝突，那些在當時沒有背叛自己而顯露出來的衝突嗎？」（彭奇章整理，起自 Freud, S., Analysis terminable and interminable, 1937，英文標準版第23冊。）

另外，如果以保存古蹟的態度和心情，來處理當年的防衛，所遺留下來的古老城牆，不再只是要推倒它們而已，而是更細緻地保存維護它們，並思索著依情境而創造新的使用方式，並依著目前對古蹟再修復、再利用的方式，來看待這些防衛的古城牆，也許另有很多方式值得再思索它們的意義。但這意味著，不再是以把它們直接打掉，做為處理的簡單方式，畢竟人從小到大，由各式心理防衛交織起來，有著不同年代的心理痕跡，所建構起來的城牆，它們是我們了解心智曾經如何運作的重要遺產。

第三堂

· Freud, S. (1937) Analysis Terminable and Interminable. SE.23, part 2, p.219-224.
· Freud, S. (1923) The Ego and the Id. SE.19, part 2, p.19-27.

- Freud S. (1892-93) A case of a successful treatment by hypnotism, SE.1, p.115-128.
- Freud S. (1937) Construction in analysis, SE.23, p.255-270.

第四堂

外在現實有多麼外在，或者它還在心中？

　　再來談談「自我」（ego），重點仍是它的三位主人的角色，尤其是關於外在環境。我們做爲精神分析取向的專業職人，會如何看待這種被當做身外事的東西呢？佛洛伊德在《精神分析的大綱》（An Outline of Psycho-Analysis）裡，曾強調外在環境，有專章談論心智機器和外在環境，好像是在替後來溫尼科特的「促進的環境」（facilitating enviroment）的概念舖路。

　　畢竟不顧外在現實，就會被現實所淹沒。佛洛伊德甚至說，自我（ego）不是家裡的主人，而三位主人（超我、原我和外在環境）對自我來說就是外在現實。精神分析取向的實作經驗裡，如果只認同個案故事裡所呈現的外在現實，而無法另有其它思索，也會讓治療陷在困局裡。「超我保留了父親的特質，伊底帕斯情結越強大，就越快臣服於潛抑（在權威、宗教教育、學校與閱讀的影響之下），之後超我會以一種良心或無意識罪惡感的形勢，更嚴格地支配自我。（彭奇章中譯，出自Freud, S., The Ego and the Id,

頁34-5，1923，英文標準版第19冊。）」

那麼，我們要和外在現實保持什麼關係呢？精神分析取向是注重內在世界，但是如何面對外在世界仍是必要的。我們就在這系列的文字裡，聚焦於外在世界，也就是外在現實，讓我們試著從佛洛伊德的角度，來認識精神分析是如何看待外在世界。

這也涉及外在環境裡，其它群體和個體的主題，尤其是精神分析是舶來品，來自的國度大致是強調個人為上，但是我們從日常生活和個案裡，也大都可以了解，人不可能離開他人和環境，因此關於對待他人和環境的態度，精神分析取向者只能配合一般的意識型態，以相互尊重這樣的文明概念做為基礎嗎？是否需要重新再思索，以個體為主，甚至變成是主義般的個體主義所帶來的盲點，以及這些概念對於利己和利他之間，相互交流而走出的命題和論述？這是很大的命題，本文只是嘗試對這些命題提出一些想法，做為未來進一步探究的基礎。

例如，如果再加上《原我與自我》〈The Id and Ego〉裡的論點，雖然自我被定義為奴僕，但是如何來深化了解，三個我和外在現實的關係，以及在技術上的思索，畢竟三個我加上外在環境，這四者都有著自己的自主性，例如，「本能被完全融入了自我的和諧之中，變得可以受到自我其他趨勢（trends）的

所有影響，並且不再尋求以獨立的方式獲得滿足。」
（彭奇章中譯，出自Freud, S., Analysis terminable
and interminable, 頁225，1937，英文標準版第23
冊。）那麼這就構成了一般所說的，三人成群的群體
概念了，當我們聽習慣說成人內在的嬰孩時，我們更
需要想像，個體裡的群體。

　　奴僕的自我周旋在三位主人之間，處處尋求妥
協之道，它如何幫人做自己呢？「如果自我的強度減
弱，無論是由於疾病、耗損，還是出於某種類似的原
因，那麼迄今爲止已經成功馴服的所有本能都可能會
恢復（renew）它們的要求，並努力以異常的方式獲
得替代滿足。我們夜晚的夢爲此提供了無可反駁的證
據；它們以本能要求的甦醒來回應自我所假定的睡眠
態度。」（同上，頁225-226）有「做自己」這件事
嗎？有的是「自己和客體」，一如溫尼科特說的，有
「嬰兒」這件事嗎？有的是「嬰兒和母親」，以及這
四個主體之間動態地相互連動後，所衍生出來的文明
和不滿的並存，不滿來自什麼呢？來自原我、超我和
外在環境的不夠滿意？或者來自自我在這個協調過程
所累積的不滿呢？

　　最原始的說法是，id和外在現實遭遇後，兩者互
動而產生出ego，而ego變成了代理者（agent）回頭
來應對id和外在現實。在發展過程遭遇了挫折後，人

自然會有種「理想性」被產生,這是「自我的理想」（ego ideal）的產生。「最早在童年時期發生的首次認同所產生的影響都是普遍而持久的。這使我們回到了自我理想（ego ideal）的起源。因為它的背後隱藏著一個人的最初也是最重要的認同,即他在自己的個人史之前對父親的認同。……問題的複雜在於兩個因素:伊底帕斯情境的三角特質,以及個體結構上的雙性特質。」（彭奇章中譯,出自Freud, S., The Ego and the Id, 頁31,1923,英文標準版第19冊。）

　　「自我的理想」是源於ego,或在佛洛伊德建構理論的過程裡,是這麼想,但這種理想化的角色具有監督者的功能,在《夢的解析》就有提到了,那時大都以監督者為名。直到1923年的《The Ego and the Id》時,才將這些理想者和監督者集合起來命名為superego,因此理論上超我是獨立的機制了,「然而,超我不止是本我早年客體選擇的殘餘;它也表現出一個強力的反向作用來對抗這些選擇。它和自我的關係並不會被以下的格言給耗損:『你應該像這個（像你父親）』它也包含一個禁令:『你不可以像這個（像你父親）……也就是說,你不可以做所有他能做的事;有些事是他的特權。』這種自我理想的兩面性,起源於自我理想,具有潛抑伊底帕斯情結的任務。」（同上,頁34）從精神分析理論發展史來看,

有起源於什麼的說法，只是這些都是假設的論點。

　　如果外在環境也是主人，它是如何發揮作用的呢？雖然早就有了父母做爲外在環境的一員，會影響孩童的心理發展。這是大家早就熟知的日常，或者也有人說，文化會影響個人的心理發展，那麼讓它發揮影響力的內在機制是什麼呢？

　　「千眞萬確，我們會這麼驚呼，在自我理想或超我中，確實有那種更高的性質，它是我們和父母關係的表徵，當我們還是小孩的時候，就知道這些更高的性質。我們既羨慕又害怕；後來把它們納入自身。因此，自我理想是伊底帕斯情結的繼承者，也是原我最強而有力的衝動，以及最重要力比多變化的展現。透過自我理想的建立，自我掌握伊底帕斯情結，同時讓自己處於本我的支配中。鑑於自我主要是外在世界的代表，是現實的代表，相形之下，超我是內在世界的代表，是原我的代表。自我和理想間的衝突，正如我們發現的那樣，終將反映出現實與心理，外在世界與內在世界之間的對立。」（王明智中譯，出自Freud, S., The Ego and the Id, 頁36，1923，英文標準版第19冊。）

　　雖然我們也可以更細的詢問，人世間何以出現某些文化，讓它存在並進而回頭來影響個人和群體的心理發展呢？雖然後來有溫尼科特，對於「促進的環

superego押著id，但id不是省油的燈：從佛洛伊德說的談他沒有說的

境」的聚焦探索，讓我們重新省視，在著重心理內在世界的過程，這些無法被視而不見的外在現實，到底是如何發揮作用的？

雖然克萊因在一般人的印象裡，是更強調內在心理世界，她的追隨者對於溫尼科特強調「促進的環境」，是有不少意見，不過克萊因在重要文章《對於躁鬱狀態心理成因的某些貢獻》（A contribution to the psychogenesis of manic-depressive states, 1935）裡，有不少內容提及外在環境的因子。另在前頭提及的，佛洛伊德在《精神分析的大綱》裡，有專章探索外在環境和內在環境的主題。

在晚年這篇《大綱》裡，佛洛伊德整理了他對原我（本我）和自我的界定，做為後人再出發的基礎，「本我與外在世界隔絕，有自己的知覺世界。它異常敏銳地察覺到其內部的某些變化，尤其是其本能需求張力的波動，而這些變化以在愉悅不愉悅系列中的感覺而變成意識。……很難說這些知覺是通過什麼方式，以及借助於什麼樣的感覺末梢器官來確定的。但一個公認的事實，即自我知覺——有機體感覺（coenaesthetic feelings）和愉悅——不愉悅的感覺會以專制力量控制本我內的事件流動（passage of events）。本我依循無情的享樂原則。」（彭奇章中譯，出自Freud, S., An outline of psycho-analysis,

頁198，1938，英文標準版第23冊。）

　　至於關於自我，「我們認爲自己最了解並最容易認知自己的另一種心理機構——所謂的自我——是從本我的皮質層發展出來的，藉由調適去接收和排除刺激，來與外在世界（現實）直接接觸。從有意識知覺開始，更大範圍和更深層次的本我受到自我的影響，並且在自我堅持維持對外部世界的依賴下，它帶有其起源的不可磨滅的印記（就如同它是德國製造一樣）。（同上，頁198）

　　我舉一個日常的比喻來看，就可以顯示，內在心理世界和外在環境之間的相互連動關係，例如一般總是以試穿別人的鞋子，做爲體會和empathy他人的比喻，因爲鞋子是空洞，能夠說要試就試嗎？是否也有如火龍者駐守著，而難以接近鞋子呢？其實這是接近鞋子的空洞，一如我們以空洞來說明失落和憂鬱的本質，也就是鞋子必須有空洞做爲本質才叫做鞋子。

　　那麼是否意味著，憂鬱和空洞感是需要empathy，或者還需要其它的呢？從這個鞋子和穿進別人鞋子的比喻，也許可以說要了解和想像內在世界，是多麼需要這些外在環境的經驗？雖然也可以學著溫尼科特的曖昧說法，那個讓孩童可以心安做爲「過渡客體」（transitional object）的，泰迪熊或棉被枕頭，既不是內在客體，也不是外在客體，這是

一個有趣且值得參考並後續發展的說法。

　　我再舉另一例，來做為想像內在世界和外在環境的關係。例如，我們看見星空，卻只能覺得很多星星，如果沒有星座的故事被創造出來，讓一些星星依著想像被串連起來，成為大家想像中的「星座」，如果內在心理的「情結」，是由某些事件被串連起來，而被當做是某種情結，「更深入的研究通常會發現更完整的伊底帕斯情結，它是雙重性質，正面和負面，是由於孩童身上最初呈現的雙性特質：也就是說，一個男孩不僅對父親有一種矛盾的態度，且對母親有深情地客體選擇。同時間他也表現得像是女孩一樣，對父親表現出深情的女性特質，並對母親表現出嫉妒和敵意。」（彭奇章中譯，出自Freud, S., The Ego and the Id, 頁33，1923，英文標準版第19冊。）

　　伊底帕斯情結，是如同星星被串起來而成為一個星座，有著被述說傳承的故事，這是靠著我們的想像，所串連起來的情結和星座。伊底帕斯情結在外在環境裡，常會出現某些三個人之間的三角情結，但這不是一眼可見，而是需要我們的想像做為串連的基礎，一如星座，是需要我們的想像，才能把一些不相干的星星串連起來，再加上一個故事，就會讓這個星座顯得更具體可見，也容易被記憶，並且也有著隨故事而產生的情感。

從精神分析取向為基礎，我們就是假設，人在群體裡和他人之間有「移情」現象，而在個人的內在世界裡有潛意識等，「我們所採取的假設是，一個在空間中擴展的精神裝置、權宜性地置放在一起、因著生活所需而發展。這樣的裝置只有在特定的時間點與某些情境下，才會引發意識的現象。」（彭奇章中譯，出自Freud, S., An outline of psycho-analysis，頁196，1938，英文標準版第23冊。）這些主張都是需要從外在環境，觀察某些現象後，再想像移情和潛意識的存在。本質上，有些像是看著星空在談話，精神分析相關的術語群，像是天空中的星座群，那是一種相互的約定，我們提出詮釋或說明時，就像要看一下星空裡的精神分析星座，然後繼續著人間的生活和說話，是否這樣才是真正的分析，但不具有要到星星的目的？

　　另外，有另一種以外在環境的方式，來描繪精神分析的工作，如果假設精神分析的術語，是舖在地表上的心理地圖，有著很多的地名，讓我們覺得到此一遊。不過這種可以抵達之地，有些像是催眠術的遺跡，假設有著古老故事駐留在某個地方，我們的回憶和談論以前的故事，像是在心理地圖上尋找古蹟。那也有著如佛洛伊德描繪的掙扎的痕跡，「自我在兩個層面進行戰鬥：它必須捍衛自己的存在，抵抗帶來滅

superego押著id，但id不是省油的燈：從佛洛伊德說的談他沒有說的

絕威脅的外在世界，以及對抗提出過度索求的內在世界。它對兩者採取相同的防衛方法，但對內在敵人的防衛尤其不足。由於與後一個敵人有相同的起源，並與之共生且有著最親密的關係，所以它很難擺脫內在危險。卽使它們可以被暫時穩住，它們仍會作爲威脅持續存在。」（同上，頁200）那只是如同古屋古牆般，還是目前覺得的那是自己嗎？或者只覺得那已經是過去的事，回去只是懷念或緬懷一些當年的心情，或者不只是如此？而是那些故事在目前仍是上演中的情節？

　　值得從這些外在環境的比喻，來談談它們所開展的想像的差異，投射出去的星座，視覺和想像那是星座的建構，也是心理眞實的建構，相信就是有星座，而且有它的美麗傳說的故事。甚至不只是在地面上的心理地圖而已，畢竟當我們覺得，看見個案有著伊底帕斯情結時，以物理外在環境的比喻來說，那是將我們覺得不是相關的雜草小花袪除掉，這是一般所說的「去蕪存菁」的結果，一如看見某星座，意味著我們忽略了背景裡的其它星星，或其它更遙遠星星的存在，才讓我們看見某個特定星座，這是心理投射的成果。

　　當我們面對個案的某些行爲和態度，卻感到不解時，「我們推斷出的所有新事物都必須被轉譯成我

們的知覺語言，這使我們根本無法擺脫我們自己。但這就是我們科學上的本質與限制所在。」（同上，頁196）其實個案的問題，是否他們早就呈現那些因子在星空裡，只是我們還了解有限，就算看見了也不覺得有關，因而不是我們熟悉的說法，因此說是他們的阻抗，是因為我們了解有限。一如不了解星座圖，只是看見了滿天的星星，卻無法做出任何的命名，也無法讓相關的事，變成可以討論而變得有意義的話題，來促進兩人間的交流。我們看著個案的內心故事，彷彿看著天空的星星，知道名字的和不知道名字的星星。

精神分析的術語，是星空心理圖裡，某些已知星座的命名，例如，伊底帕斯情結、原初場景或自戀等出現的系列行為，都是如系列星星所串連起來的星座。但是我們看著情結如同星星，並不表示我們就已經了解它們了，它們是被精神分析的故事所建構起來的，一如希臘神話說著星座的故事，精神分析的故事和術語雖不是神話，但是它也有著神話的某些特質，例如，是從無中生有地建構出潛意識的世界。

佛洛伊德曾這樣說，「超我現身的方式闡釋了自我和原我客體灌注的早期衝突，如何在與繼承者（超我）的衝突中延續下去。如果自我無法成功地掌握伊底帕斯情結，那麼，從原我泉湧而出的伊底帕斯情結能量貫注，將在自我理想的反向作用中找到出路。理

想與潛意識本能衝動之間大量的交流，解決了這個難題，即理想很大程度上讓自己保持在潛意識，無法被自我迄及。這場曾經在心智深處進行的思想鬥爭，並沒有因為迅速的昇華和認同而結束，如今卻在更高的領域持續進行，就像考爾巴赫畫中的漢斯之戰。」（王明智中譯，出自Freud, S., The Ego and the Id, 頁38-39，1923，英文標準版第19冊。）

　　以星空的星座圖和內在客體的心理圖相互輝映，有必要知道的事實是，當我們憑著一些故事裡的某些跡象和零星事件，而宣稱那裡有著伊底帕斯情結時，只是一如看星星的人，在滿天的星空裡，重複經年累月的觀察，發現有些星星，在某些時候會以相同的圖樣出現在星空裡，就像個案在不同的會談裡，重複說著類似的故事，讓我形成印象，它就是某種情結，但這是我們無視其它故事的結果。

　　這需要著如佛洛伊德描述的情況，但是我們能夠掙脫嗎？「我們必須反覆強調一個事實，即自我的起源以及它養成特質中最重要之處，都與現實外在世界有關。因此，我們假定自我的病理狀態（又再一次處在最接近本我的狀態）是建基在與外在世界的關係停止或鬆動上。這與我們從臨床經驗中學到的非常吻合，即精神病爆發之主要原因是現實變得令人無法忍受的痛苦，或者本能變得異常強烈，本我和外在世

界這兩者對於自我所做出的對立性要求，必定導致相同的結果。」（彭奇章中譯，出自Freud, S., An outline of psycho-analysis，頁201，1938，英文標準版第23冊。）

　　也就是比昂說的，我們依著佛洛伊德的眼光看事情後，我們對於個案所說的故事裡，依著我們已知的某些「被選擇的事實」（selected facts），所形成的某種情結。「無論如何，這個過程，特別在發展的早期階段經常發生，我們可以假設：自我的特徵就是被拋棄的客體——灌注沉澱物，包含了那些客體——選擇的歷史。當然，從一開始就要承認存在著不同程度的阻抗能力，決定了一個人的性格抵抗，或接受其愛欲客體——選擇歷史的影響程度。在擁有許多戀愛經驗的女性之中，似乎可以在其性格特徵中，毫無困難地找出客體灌注的遺跡。」（王明智中譯，出自Freud, S., The Ego and the Id, 頁29，1923，英文標準版第19冊。）

　　就是如星空的心理圖，我們如果只依著佛洛伊德的視野，看出了伊底帕斯情結，或其它情結，然後就以為是這些情結造成了目前我們所見的問題，或是它們變成了精神官能症的起源，我們可不用高興得太早，畢竟人的問題，並不是依著精神分析現有的術語命名後，就說是可以全盤了解和解決。我們還有更

superego押著id，但id不是省油的燈：從佛洛伊德說的談他沒有說的

多，如同比昂所說的「無可確定」（uncertainty）的
領域，而我們至今的命名，仍只是很小的部分而已。

第四堂

- Freud, S. (1937) Analysis Terminable and Interminable. SE.23, part 3, p.224-230.
- Freud, S. (1923) The Ego and the Id. SE.19, part 3, p.28-39.
- Freud, S. (1938) An Outline of Psycho-Analysis. SE.23, chap 8. The Psychical Apparatus and the External World & chap 9. The Internal World, p.195-207.

伊底帕斯情結的命運及其未來

　　從精神分析的方式來觀察個案，在診療室裡的移情反應，的確可以證明佛洛伊德當年說的，伊底帕斯情結是存在的，不過有幾個現象值得再細思。

　　例如，關於情結裡的愛與恨，佛洛伊德當初的觀察是這樣，「臨床觀察顯示出，不僅愛總以意想不到的規律伴隨著恨（矛盾性），同時在人類關係中恨常是愛的先河。而且在很多情況中，恨會變成愛，愛也會變成恨。倘使這種變化不僅是時間上的順序——也就是說，如果其中一方實際上變成另一方；那麼顯然地，愛欲本能和死亡本能之間的根本區分被截斷了，這種區分正是生理過程朝對立方向前進的前提。」（王明智中譯，出自Freud, S., The Ego and the Id, 頁42-43，1923，英文標準版第19冊。）

　　首先，在個案複雜多枝節的故事和行動裡，當我們依著理論，看出個案有伊底帕斯情結時，其實這樣的結果，只是我們忽略了其它旁枝。但是何以其它的，是旁枝呢？何以其它的，不會是重要的主幹呢？只因它們不是伊底帕斯情結故事裡的相關者？因此就在伊底帕斯情結的故事被祛除，只能站在故事旁邊看

著情結的發生嗎？好像在一大片森林裡，去蕪存菁般的雕出伊底帕斯情結，但那些旁枝是否另有主軸故事？只是我們的理論未把它們放進來，不然何以那些故事，會和個案的伊底帕斯情結的故事，同時呈現出來呢？或者說伊底帕斯情結是大人物的故事，是歷史會去觀察和紀錄的大人物，而其它的是小人物的故事，只會隨著時間的洪流而消失，彷彿不曾存在過？這只是我的好奇，不必然目前就有答案。

「小男孩和父親的關係是一種『矛盾』的關係。除了想排除做為對手之父親的恨意，也有對父親慣常呈現的溫情。這兩種態度結合起來就會對父親產生認同。……害怕被閹割——為了保有自身的陽性特質——小男孩放棄占有母親和排除父親的願望。到目前為止，這個願望被保留在潛意識裡，並形成罪惡感的基礎。……另一條路是走向陰性特質，替代母親成為父親愛的客體，但害怕閹割使這個解決之道無法達成。男孩瞭解，如果他要像個女人被父親所愛，他就必須被閹割。」（呂思姍中譯，出自Freud, S., Dostoevsky and Parricide, 頁183，1928，英文標準版第21冊。）

試想回到臨床的過程，當我們一心一意，只想要看見伊底帕斯情結的樣貌，加上在當代來說，這個情結的概念幾乎是日常生活常識了，雖然大家的理解方

式，可能有異於專業者，當雙方如果都只緊盯著這個情結，一心一意只想要找出這個情結，那麼可能會錯過了人生過程裡，眾多其它有趣的生活事件。就算我們真的相信這個情結影響重大，它是目前重要問題的核心基礎，但是人的生活和快樂幸福，不會只有一個核心故事，而是另有多個核心的可能性。

至於它的複雜呈現型式，就理論來說是這樣，「這個在自我及原我中同樣活躍，漠然且可移置的能量，毫無疑問是從自戀的力比多貯存庫發出——這是去性化（desexualized）的艾洛斯（總體來說，愛欲本能看來比破壞本能更具可塑性，更容易轉移和移置）。由此，我們就能輕易地繼續假設，這個可移置的力比多服務於享樂原則，為避免能量積壓及促進能量釋放。在這種連結中，很容易觀察到某種漠然（indifference），只要能量釋放得以發生，才不管發生的途徑。我們知道這個特點，是原我之中能量灌注過程的特點。在愛欲灌注中可以發現，特別表現出一種對客體的漠然，分析中所產生的移情（transferences）表現得特別明顯，不管客體是誰，都會表現出來。」（王明智中譯，出自Freud, S., The Ego and the Id, 頁44-45，1923，英文標準版第19冊。）

我們目前重視這個情結，不過例如原初場景或分

裂機制的故事，也會是核心的課題，人生後來的生活裡，幾乎都會是這些相互交錯，相互連結，也動態的相互影響。例如，「小小孩以父母為第一且唯一的權威，且為全部信仰來源。……但隨著智識增長，孩子得知父母所屬的階層，也會開始認識其他父母，並且把自己的父母和其他人的父母做比較。……孩子生活中令其不滿的小事件會促使他開始批評他的父母……性競爭亦會導致此種結果。……有許多機會孩子被父母怠慢，或至少他覺得被怠慢，這使他覺得他沒有接收到父母完整的愛，尤有甚者，他痛惜著必須與手足分享父母的愛。他感受到他的感情沒有得到完全的互惠，而後找到一個出口——從童年早期而生的意念——他是繼子女或養子女，這後來常常可於意識中回憶起來。」（呂思姍中譯，出自Freud, S., Family romances, 頁237-238，1908，英文標準版第9冊。）

雖然我們會希望在理論上主張，情結是呈現著很清晰的模樣，但這不合臨床的實情，臨床上是盤根錯節的現象。這是看見了自身的某個「情結」後，何以並不是馬上可以調整改變的緣由之一。因為情結就算有自身主流的故事，但是它和周邊的故事，一直是交錯相連的，並不是伸出手就可以硬拿出來某個情結。也可以說，如果要真的看清某個情結，就需要盲目地忽略其它的內容。

關於盲目，還有另一件和伊底帕斯情結有關的故事。一般談論伊底帕斯情結時，由於著重它的存在，並影響著小孩和父母的關係，所構成的三角關係，因此就會被簡化地說成，這個情結意味著三人關係的發展，並主張這個三角關係的問題，構成了往後精神官能症的基礎。在這樣的主張下，更讓我們就將焦點，放在這個情結的三角關係上，以及這種三角關係如何移情地投射到治療師身上。其實只要稍有經驗的治療師，是可以很快就捕捉到這種現象，卻因此容易造成某種錯覺，以為既然可以很快發現這種三角關係的問題，就意味著可以很快獲得洞識，並可以很快接受它，改變就會馬上跟著承認它而來，不過這還是忽略了一個更重要的現象。

　　在佛洛伊德引用《伊底帕斯王》的劇本裡，伊底帕斯王在疫情下好奇自己的生命故事，因而不怕挫折地，不斷想從神諭裡尋找出答案。當他後來知道的答案是，自己先前竟在和人窄路相逢時，暴怒地殺了陌生人，那人就是他的父親國王。後來他成為國王，娶了前國王的太太，她竟是自己的母親。當知道這些實情後，他刺瞎了自己的雙眼，不再當國王，由女兒安蒂岡（Antigon）陪同展開流浪的日子。

　　大家在談論伊底帕斯情結時，不太多談這個最後的情節，何以呢？因為出現伊底帕斯情結時，就只

會停在他知道了自己的生命故事，覺得那是認識自己了，然後走向所謂有洞識，而期待接下來的改變自己。接下來，他和他人的問題也會跟著改變了，但實情是如此嗎？

另外，值得再思索的是，如果我們把這些場景往前推展，到本能層次時，我們所做的，有未來預防的功能嗎？甚至為了預防的目的，刻意去激發對個案來說仍是不明顯的潛在衝突嗎？這是佛洛伊德的疑問，而他給自己的說法是，「然而，我們在治療上的野心可能會被誘惑去承擔這樣的任務，經驗斷然否定了這一想法。如果一個本能的衝突不是當前活躍的衝突，並非本身自行表現出來的，即使藉由分析也無法影響它。」（彭奇章中譯，出自Freud, S., Analysis terminable and interminable, 頁231，1937，英文標準版第23冊。）

後來知道自己的伊底帕斯情結，是走向有洞識的快樂日子的開始嗎？或者只是如佛洛伊德說的，從潛意識的悲慘（unconscious misery），走到意識的不快樂（conscious unhappiness），所謂潛意識的悲慘，是指個案不自覺重複著創傷受苦的悲慘處境，如父親會虐待她，而她卻重複嫁給會打她的人；佛洛伊德是主張，如果能從這種不自覺的悲慘，走到意識的了解，並得以終止重複行為後，就算如此仍難免會因

有這些生命經驗而覺得不快樂，至於如何快樂，他似乎未把這劃進精神分析的工作範圍。

　　但實情是否會讓個案只能變得盲目呢？如同象徵地弄瞎了自己的眼睛，不想看得太清楚呢，這需要回到臨床來觀察這個被忽略的情節，而這個情節在希臘戲劇裡是具體的，也是我們此刻閱讀劇本時的外在環境因子，卻不被我們強調。這就是一個有趣的現象，我們在學習精神分析的過程，會遭遇並值得探索的課題，反映著我們對待外在環境的某種方式。

　　這些情結的存在，是生命發展的過程裡，不自覺地發生的潛意識事件的素描。佛洛伊德是這樣描繪這種家庭羅曼史，「孩子的幻想是脫離父母，並以較高社經地位的父母來取代……當孩子知道父親與母親在性關係所扮演的角色差異後，他明白『父子關係經常是不確定的，而母子關係是最為確定的』，此時家庭羅曼史的內容有所縮減，主要是提升父親的地位，而不再懷疑母親，因為母親被視為無法更動的。這個家庭羅曼史的第二個（sexual）階段亦被其他動機所啟動，此動機在第一個（asexual）階段尚未出現。知曉性過程的男孩子傾向把情慾情境和關係擺在眼前，背後的動機是他想把母親（其為最強烈性好奇的對象）帶往祕密不貞和祕密戀情的處境中。」（呂思姍中譯，出自Freud, S., Family romances, 頁238-

　superego押著id，但id不是省油的燈：從佛洛伊德說的談他沒有說的

239，1908，英文標準版第9冊。）

　　由於目前已成意識上的常識概念了，因而容易被當做是要做自己，要獨立的過程就要如此做，尤其是有人說，就是要象徵地弒父，才是讓自己能夠獨立的過程和方式。這是意識化後，將情結的概念加以淺薄化成是要遵循它的想法，以及把它外在現實化或外在環境化的想法，而推論獨立的過程是要這樣。把原本精神分析取向，想要聚焦的內在心理世界的故事情節，加以外在化，想要成為外在現實的現象。另，如何看第二句的娶母呢？似乎就被忽略了，畢竟這是引用劇本，來描繪人性的某個片斷，如果過於簡化地看待，就會出現前述的這些情況，變成選擇喜歡的，卻盲目於不想要的。

　　由於一般都只著重在弒父娶母的情節，甚至說成長過程是，若要解消伊底帕斯情結就要弒父，接著才能獨立做自己，這是很表面的把這些情節的心理意義，加以外在環境化的現象。很難說是對或不對，內在世界和外在世界是兩個平行的世界，值得相互觀察。伊底帕斯王堅持要知道，自己曾做過什麼事，並在知道自己無意中所做的事後，因而讓自己變盲目的故事，而且那是外在現實的盲目，如何推論這個現象仍有值得再細思的地方。

　　以臨床經驗來對比這情結，如果只停留在，知

道曾發生的故事，就以爲那是填補了記憶的缺陷，而事情就會跟著解決了。這可能就會忽略掉，人生後來再回顧或想起以前的創傷，畢竟是很讓人不快的，而且不是短期可以消化的經驗，也就是說會令人想再盲目，不想再看見自己曾如此。常情上浮現的是不斷疑問，爲什麼是我？這是很貼切的心理反應，可能有所改變後，這個疑問仍不會消失。這種人生大困惑是臨床常見的現象，也就是佛洛伊德當年所預見的，從潛意識的悲慘到意識的不快樂的過程。那麼，接下來要如何快樂呢？這是精神分析的工作範疇嗎？我沒有答案。

　　伊底帕斯情結其實只是一個比喻，只是取用《伊底帕斯王》的劇本裡的部分情節，來比喻佛洛伊德對於自己和個案的觀察。「如果我們仔細檢視這些最常見的想像羅曼史，雙親或父親被更偉大的人替代，我們都會發現這些新的、地位高的父母所具備的特質，完全來自對眞實而卑微的父母的眞實回憶；所以事實上，孩子並未排除父母，反而提升他們。」（同上，頁240。）

　　起初是以他所處的文化脈絡下，被大眾熟悉的故事來貼近潛意識裡，大家還很陌生的日常生活情節。但是以具體的情結來做爲比喻後，易被理解成就是一個成型清晰的情結，好像只要一看，就可以在外在環

境上清楚看見了，而忽略了原本劇本還有很多其它細節，好像只是舖陳氣氛，但是不見得不重要。

伊底帕斯情結這個概念，已是日常語言體系裡的一部分了，但是個案相關的問題依然存在，一般都會忽略這個故事裡，伊底帕斯王努力了解當年故事的過程，直到他知道真相後，他是刺瞎自己的眼睛。這段後來的故事，則是相對不被強調，雖然可以比喻成人們是多麼不想要，真的看見和認識自己的真正模樣。不過這後段故事就不是一般理解的伊帕斯情結，弒父娶母故事裡的三角關係。

借用佛洛伊德談論小說家杜斯妥也夫斯基時的說法，「死亡般的發作象徵對亡者的認同，可能是真正過世的人，或者某個仍然活著但主人翁希望其死掉的人。後者更具意義。這個發作帶著懲罰的意味。主人翁希望別人死，現在自己成為這個人並且死了。在這個點上，精神分析理論可以確定，對男孩而言，這個別人經常是他的父親，而這個發作（名為歇斯底里性的）就是對所恨的父親的死亡願望之自我懲罰。」（呂思姍中譯，出自Freud, S., Dostoevsky and Parricide, 頁182-183，1928，英文標準版第21冊。）

甚至有人因此而推衍說，小孩在成長的過程，如果要獨立做自己，就需要在心理上有弒父的過程，

這種說法卻片面地遺漏了娶母的故事。這種如何獨立的心理過程的說法，是有些望文生義，難道獨立的結果，在心理上就是不再依賴重要的客體，如父母嗎？雖然這早年承受創傷者常有的想法，好像要完全切割從前，才能完全做自己，但是這種極緻兩極化的理想，卻常是落於自己早就認同和吸納了，當年攻擊者的心意和做法，使得這種完全切割的期待，後來變成和自己為敵，這是常見的實情。

甚至，在某些急性狀態時，佛洛伊德主張，「在緊急危機狀態下，無論如何分析都是無法使用的。自我的所有興趣都被痛苦的現實所占據，自我拒絕進入分析之中，而分析是試圖要深入表層之下並揭示過去的影響。因此，造成新的衝突只會使分析工作耗時更長且更困難。」（彭奇章中譯，出自Freud, S., Analysis terminable and interminable, 頁232，1937，英文標準版第23冊。）

是否相互依賴，才是真正的實情？在心理學上，如果假設有內在客體這件事，是否意味著完全獨立是種假相，是假我，雖然一般會以為從外在環境，父母那裡，延續而來的是假我的成分，仍得再精製化。什麼是相互依賴？如何讓這種相互依賴，是不同於目前潛在地，以「認同攻擊者」為基礎的依賴，這種依賴是相互攻擊式的依賴，就容易把做自己或獨立，變成

是不能依賴他人，但這是不可能的任務，也不太是人的常情。

　　至今，伊底帕斯情結仍是臨床上有效的觀察，但是隨著這個情結名稱的日常化，卻可能也淡化了對於這個語詞的思考能力，變成只是落於俗套般的口號呢。佛洛伊德當年的說法是很大的創見，「杜斯妥也夫斯基被當作政治犯而定罪是不公正的，這點他必定知曉，但他接受了從沙皇而來、不應得的懲罰，做為對抗真實父親罪愆的替代懲罰。他不是處罰自己，反而讓自己被父親的代理人所處罰。……許多罪犯也是如此，他們希望被懲罰。……杜斯妥也夫斯基從未逃離意圖謀殺父親的罪惡感，此罪惡感又在另外兩個領域決定了他的態度，其中「父親—關係」成為了決定因子，這包括他對國家權威以及信仰上帝的態度。前者。他最終完全臣服於沙皇……在宗教領域他則自由些：根據一些可信的報告，直到他生命的最後一刻，他都擺盪在信仰與無神論之間。……如果最終他沒獲致自由而成為反動派，那是因為做為子女的罪惡感，其在人類普遍出現且是宗教感受的基礎，在杜斯妥也夫斯基身上有超越個人的強度，以致於就算他有很高的智識也無法超越。」（呂思姍中譯，出自Freud, S., Dostoevsky and Parricide, 頁186-187，1928，英文標準版第21冊。）

但前述以弒父的比喻，做爲成長的過程，就是一個簡化成俗套概念的某種說法，變成了大家以爲一眼就可以看穿了眞相，然後就知道怎麼辦了。這樣子就讓伊底帕斯情結，變成了如同某種夢之書裡的特定說法，好像每個現象都有著和它呼應的等同物，如高山就是陽具，凹地就是陰道的表淺說法了。

　　依佛洛伊德的說法是，「在分析對本能衝突的預防中，唯一可考慮的方法是我們提到的另外兩種方法：在移情中人爲產生新的衝突（這些衝突終究是缺乏現實特性），以及在病人的想像中引起此類衝突，透過與病人談論這些衝突並讓他熟悉其可能性。」（彭奇章中譯，出自Freud, S., Analysis terminable and interminable, 頁232-233，1937，英文標準版第23冊。）

　　我想說的是，伊底帕斯情結是無法一眼就看穿的，只因沒有人眞想要後來變成目盲，因此只能看見它派出來展演的某些段落場景，那是從小被拋棄而失落的人的故事。這些失落的故事裡，衍生出來的枝節，就算後來看清楚了這些枝節，是否就能撫平當年失落後的空洞和苦痛呢？伊底帕斯王最後把自己弄瞎了，是否還有其它的原因？是否有某些不用再看故事主軸，唯有在流浪裡才能體會人生是什麼？

第五堂

- Freud, S. (1937) Analysis Terminable and Interminable. SE.23, part 4, p.230-234.
- Freud, S. (1923) The Ego and the Id. SE.19, part 4, p.40-47.
- Freud S. (1908) Family romances, SE.9, p.235-244.
- Freud, S. (1928) Dostoevsky and Parricide. SE.21, p. 173-194.

防衛是弄假成眞的古堡，或值得代代相傳的技能？

　　這堂課想要談論ego, defence mechanism, pain, suffering等概念，再想想先前對「自我心理學」的某些說法卻誤入歧途，何以會發生這樣的事呢？如何看待曾經發生的歷史呢？這裡所說的，不是自我心理學的全部，只是針對一般常聽到的，自我的防衛是要適應現實社會，以及相對於以「自我」（ego）做爲視野的中心時，所帶來的困局。而有「自體心理學」（self psychology）想要完全不再以自我爲焦點，轉而以自體（self）做爲焦點，不過我無意說自我不是重點，甚至覺得自我的防衛，也值得再被正視它的重要性。並不是我們不談它，它就不再值得我們重新看它，甚至值得以新的基礎，再重新開展和想像它的功能。

　　佛洛伊德在晚年這麼界定自我的防衛機制，「如果是習得的，它肯定從生命最初的幾年開始就已經在發展過程中。因爲自我必須從一開始就在享樂原則的運作中嘗試完成調節本我和外部世界的任務，並保護本我免於受到外部世界的危害。……如果在這些努力

的過程中，自我也學會對本我採取防衛態度，並將本我的本能需求視為是外部的危險，這種情況無論如何都會發生，因為自我知道滿足本能會導致與外部世界的衝突。……此後，在教育的影響下，自我逐漸習慣於將戰鬥場景從外部移到內部，並在內部危險成為外部危險之前處理它。……自我利用各種程序來完成其任務，概括來說，這是為了避免危險、焦慮和不愉快。我們將這些程序稱為『防衛機轉』。」（彭奇章中譯，出自Freud, S., Analysis terminable and interminable, 頁235，1937，英文標準版第23冊。）

在Kohon（1997）所輯的書《The Dead Mother》裡，有專章是葛林（A. Green）和Kohon的對談，提到在每次會談之間，個案「必須能夠重組他的self和他的defences」，self和defences一起並談，各自是什麼意思呢？重組防衛是什麼意思呢？有什麼機制來達成嗎？如果防衛是ego的功能，這裡也顯示了ego的重要地位。佛洛伊德曾這麼說ego的功能，「自我在防衛態度上，把不相容意念視為『無法抵達』（non arrivée）的任務根本無法實現。附著在意念上的記憶與情感痕跡一旦存在就無法泯除。比較可以做到的是，自我將強大的意念轉化為微弱的，奪去它承載情感的——興奮額；如此，微弱的意念幾

乎無法執行聯想的工作。已被剝除的興奮額必須用於其他用途。」（王明智中譯，出自Freud, S., The neuro-psychoses of defence, 頁48-49，1937，英文標準版第3冊。）這個例子只是我借用來說明，我何以覺得需要再好好觀察和想像，ego的功能。雖然自我心理學在學界裡，是有被汙名化的現象，但我不是要替整個自我心理學答辯，這不是我的任務，我只是想要聚焦在「自我」（ego）。

我們先從以下的想像說起，某些古老的東西被留下來，它們是重要事物，是多年防衛的成果，例如教堂的建構，和古堡的美麗裡有著科學，我們需要再重新省思，我們對於防衛、阻抗和自我功能這些事例。防衛的結果也可能如佛洛伊德的病人說，「某天，很不愉快的事情找上了我，我竭盡所能地趕走它、不去想它。最後我做到了，從此卻有了另外的甚麼，再也擺脫不了。」（同上，頁52-53）

因為臨床上一般都不喜歡被當做「有防衛」，意味著對於「有防衛」這件事抱持著負面觀點。不過我覺得問題不在防衛本身，而是它的某些老化現象，不在於「有防衛」這件事，而是由於只想複製成功的結果，對於隨著時間而出現的事項，不被列進來思索，只想複製成功的結果，卻可能是走向被垢病的機構化的僵化模樣。佛洛伊德是這麼說，「精神器官無法忍

受不愉快；它必須不惜一切代價去抵擋它，如果對現實的知覺會引起不愉快，那麼這種知覺——亦即真相——就必須被犧牲掉。……在涉及到外在危險之處，個體可以藉由逃避危險情境來幫助自己一段時間，直到他之後強大到足以透過主動改變現實的方式來消除威脅。……但是人無法逃離自己，逃走無助於抵抗內在威脅。因此，自我的防衛機轉被宣稱為是在偽造一個人的內在知覺，而且只給人一個不完美和扭曲的本我圖像。」（彭奇章中譯，出自Freud, S., Analysis terminable and interminable, 頁237，1937，英文標準版第23冊。）

　　防衛如建構美麗古老的城堡，雖然這種美麗可能是多年事後的感覺，那是潛意識裡，本能和自戀裡的國王所搭建的城堡，通常國王不會親自上陣，而是派遣兵士出來和外界打交道或交戰。這些兵士是agents，以我們的話來說可能有著多重身分，例如收集情報者、中介者或代理者等，對於這些名稱的不同想像，就會有不同的後續態度和做法，這也是我們從新的角度，來重新看待自我和防衛的基礎。

　　進一步想像前，我們都需要面對「理想」的某些本質，「值得注意的是，一個人越想控制對外的攻擊傾向，他的自我理想就越嚴厲——也就是越有攻擊性。日常觀點對這種情形的看法恰恰相反：自我理想

賴以建立的標準似乎是壓抑攻擊的動機。然而，就像我們前面說過的，事實就是這樣，即一個人越控制攻擊性，其理想對自我的攻擊傾向就越強烈。就像移置作用，是一種對自我的轉向，即便是普通正常的道德也有嚴格限制、殘酷禁止的性質。正是由於這一點，確實出現一個更高的存在者，無情地執行懲罰。」（王明智中譯，出自Freud, S., The Ego and the Id, 頁54，1923，英文標準版第19冊。）

　　但是國王居於擔心被害的古老深層焦慮下，都會建構自己的城堡，而且愈擔心時就會建構出更堅固的城堡，直到百年後，它仍維持原來的樣貌，成爲後人旅遊的景點。就像我們回到孩提時候的地方，這種情況也被佛洛伊德運用來談論深度心理學，例如，自我所承擔的防衛功能。隨著分析治療的過程，國王所派遣的兵士可能變弱了，或者被我們收買了，或在我們這裡發現了新大陸，但是派出來的兵士變弱了，就讓我們可以更接近國王的城堡嗎？若可能，我們會如何做呢？希望可以打穿破壞城牆，讓那個自戀或帶有破壞力的國王，從此不再存在，這是可能的嗎？

　　尤其是對於人的破壞或死亡本能，它們被完全消滅這件事會發生嗎？因為如果依著佛洛伊德設定的命題，本能，不論是死亡本能或性本能，都是表面事件的最深層發動者，但是本能是五官和言語無法直接觸

　superego押著id，但id不是省油的燈：從佛洛伊德說的談他沒有說的

的對象，加上它們有著如溫尼科特（1960）在《Ego distortion in terms of true and false self》裡，談論真我和假我的主題時，提及自我提供給一堆活生生力量（真我）的保護，雖然可能因為過於畏懼，而變得保護過頭，反而窒息了這些活躍的生機（真我）。

不過，也涉及另一件重要的事，當我們面對個案的種種防衛，如古老城牆，我們會如何處理這些防衛的城牆呢？「超我和自我後來的改變之間的關係，大致類似於童年原始性階段之於青春期後性生活的關係。雖然容易被後來一切所影響，但其一生仍保留著從父親情結衍生予它的特質——即和自我分離並統御自我的能力。它是對自我此前脆弱依賴的紀念，成熟的自我仍然受到它的統御。就像兒童曾被迫服從父母，自我也服從於其超我的絕對命令。」（同上，頁48。）

對於這些歷史記憶，只是要打掉它們，不能留下任何禍根，怕雜草在春風下又生出來？但這是唯一可行的方案，或這是真的做得到的方案嗎？如同佛洛伊德在晚年的文章《有止盡與無止盡的分析》裡提到的，人的原我強度和它的命運是難以預料的，如同外在環境也難以預料，因此我們無法保證經歷被分析後，以後就能永保無事了。因此是否另有其它方案，來面對個案必然需要的古老防衛呢？

其中一個可能原因，是由於自我的角色得面臨的難題，「但是，從另一種角度來看，我們視同一個自我為被三個主人指使，受三種不同危險威脅的可憐蟲：分別來自外在世界，來自原我的力比多，以及來自超我的嚴厲。自我夾在原我與現實的中間，常常使它屈從於誘惑，變得愚昧，投機取巧和謊話連篇，就像政客一般，既使看到真相，卻想保有自己被大眾擁戴的地位。」（同上，頁56）

　　如果運用如古蹟保存般的態度，來處理古老的心理防衛遺跡呢？畢竟當初建構這防衛是有必要性，和後來古堡的保存問題，以及古堡的防衛裡，我們如何猜想和建構當年心智的發展呢？也就是城堡做為防衛，需要被當做如古蹟般，那麼我們對待古蹟和防衛的概念，兩者間有何相通嗎？

　　「毫無疑問，在這些人身上有某種堅決與康復作對的東西，害怕康復，好像康復是一種危險。我們習慣這樣說，對這些人而言，生病的需要比渴望康復的需要強大。假使我們以尋常的方式來分析這種阻抗——那麼，即使我們容許病人對醫生的蔑視，容許病人想從疾病得到各種好處的固著（fixation），大部分的阻抗仍遺留下來：這表示它自己就是恢復健康的一切障礙之中最強大的那個，甚至比熟悉的自戀，對醫生的負向態度，以及傾向從疾病獲益更難接近。」

superego押著id，但id不是省油的燈：從佛洛伊德說的談他沒有說的

（同上，頁49）

　　雖然一般常會以防衛是阻抗，是個案無法往前走的原因，常是以那是要被拆除的心理防衛，好像只要沒有了防衛後，人生就會一路暢通了，就會了解裡頭藏著什麼問題和故事。這是從潛意識到意識的忠誠擁護者的古典說法，但只是這樣子是無法解決問題的，因為實情上不是打破防衛，最古老的故事記憶就一定會出現，這涉及很多複雜因子的累積成果。

　　常見的是有防衛和城牆，但是後來卻都已經忘了，當初到底是要防衛什麼了，只是留下防衛的結果。例如，「自我從不相容的意念中逃離；然而後者與某個現實片段無法分割，因此，自我在達到此一結果的同時，也完全或部分脫離了現實。就我看來，後者正是主體意念得以讓幻覺栩栩如生的條件；因此，當防衛成功執行，他會發現自己處於幻覺的錯亂狀態（hallucinatory confusion）。」（王明智中譯，出自Freud, S., The neuro-psychoses of defence, 頁59-60，1937，英文標準版第3冊。）

　　雖然也有人將心理防衛當做是假我，而且是一定要打掉的假我，但這可能是重要的誤解，畢竟這些防衛真的很重要，也是當事者人生的一部分。依溫尼科特的意見，要尋找真我時，如果對假我的探索沒興趣，那倒也不必想要了解真我是什麼。我們把古蹟的

假我城堡打掉，來發現眞我嗎？如果有眞我，那麼他隱身如此長久了，當城牆被打掉了或穿個洞，這眞我能夠適應強光嗎？

這些看來都是語詞定義的課題，的確不同的分析者可能有不同的特定定義，關於防衛、眞我和假我等，不過不論是何種定義，都值得我們思索，如果我們不是以排斥的態度來了解防衛，甚至是以對待古蹟的態度，來好好研究當年至今留下的防衛，這也許是讓我們能夠了解心智作用的重要方式。

「成人的自我，伴隨著自身的增強，持續防禦著自己去對抗已經不存在於現實中的危險。它發現不得不在現實之中，找尋那些類似原初危險的替代情境，以便能夠在這些情況下證明保持慣有的反應模式是正確的。……因此，我們可以很容易地理解防衛機轉是如何透過與外在世界愈加疏離以及持續削弱自我，來爲精神官能症的發作鋪路，並增強之。」（彭奇章中譯，出自Freud, S., Analysis terminable and interminable, 頁238，1937，英文標準版第23冊。）

因此，一如佛洛伊德對於夢的研究，並非以「隱夢」變成「顯夢」爲最重要的事，更重要的是研究和探索「夢工作」（dream work），夢是透過什麼心理機制和過程，例如濃縮（condensation）和取代

superego押著id，但id不是省油的燈：從佛洛伊德說的談他沒有說的

（displacement）的機制，這兩者就是心理防衛機制，並在夢工作裡扮演了重要的角色。

至於自我做爲奴僕，有成爲主人的過程？以治療過程爲例來想這件事，「事情的關鍵在於，爲了對抗先前的危險而有的防衛機轉，會在治療中再現而成爲復原的阻抗。由此得到的結論是自我將復原視爲是新的危險。……治療的效果取決於讓被潛抑在本我中的內容變得有意識（最廣義的說法）。我們透過詮釋和建構來爲這種意識做準備，但只要自我堅持其早期的防衛並且不放棄阻抗，我們就只是在爲自己詮釋而不是爲病人。」（同上，頁238。）

畢竟以自我做爲心智代理者裡的主角，但它又是其它代理者如原我和超我的奴僕，焦點是奴僕如何成爲主人的過程？佛洛伊德晚年的論文《有止盡與無止盡的分析》part V裡，在英文標準版本第23冊從235頁起，他提到對於防衛的了解有限，這應不是謙虛的說法，而是防衛這件事在心理事件裡，原本就是複雜多樣，尤其是他在焦慮和歇斯底里之外，對於失落和苦痛的了解仍有限的情況（佛洛伊德於1926年在《克制、症狀與焦慮》的附錄裡如是說），對於防衛這件事，自然仍有很多值得再想像和建構。

尤其是關於自我所提供的防衛服務，佛洛伊德也提到，他女兒安娜的書《自我與防衛機制》

（1936），對於自我的防衛的說明。不過，從現今的角度來說，佛洛伊德這句話仍是有效的，「對於這些，我們的知識仍是相當不足。」

佛洛伊德以書的消除、修改和重寫，來比喻防衛的方式，這是可見的獨裁者所運用的防衛方式，是否另有其它模式來比喻人需要防衛？尤其是在孩童的分離、失落和憂鬱裡，防衛的工作是如何進行的？「在憂鬱症中恐懼死亡只有一種解釋成立：自我之所以放棄自己，是因為它感到自己被超我憎恨與迫害，而不被超我所愛。因此，對自我來說，活著意味著被愛，即被超我所愛，超我在這裡再次被看作是原我的表徵。超我履行保護與拯救功能，這在早年由父親實行，後來則由天意或命運完成。但是，當自我發現自己處於極端真實的危險，認為自己無法憑藉自身力量加以克服，因此必然得出同樣的結論。發現自己被一切保護力量所拋棄，因此只有死路一條。」（王明智中譯，出自Freud, S., The Ego and the Id, 頁58，1923，英文標準版第19冊。）

仍是個有趣的課題，以及是否有和夢的形成，如《夢的解析》裡所談的「夢工作」有關的比喻，來想像防衛工作的形成過程？也許這樣子可以避免，如同當年部分「自我心理學」者，落進了過於強調意識化了自我的功能，畢竟夢的形成過程，也可以說是自我

superego押著id，但id不是省油的燈：從佛洛伊德說的談他沒有說的

暗暗參與的重要人性工程之一。

　　再來回顧一下，如果以1900年《夢的解析》做爲分隔點，佛洛伊德在發展精神分析之前，一些關於防衛的重要觀察，他在1894年的The neuro-psychoses of defence, 和1896年的Further remarks on the neuro-psychoses of defence裡，觀察防衛所呈現的結果，其中有被歸類屬於精神官能症層次的反應，也有屬於精神病層次的反應。例如，「在妄想症中，自責被潛抑在投射的防衛中，形成對其他人的不信任。……被潛抑物返回於視幻覺，其和歇斯底里症的特質有類似之處，但在歇斯底里中，記憶象徵未被修改，而在妄想症中，則有經過扭曲。……潛抑的自責以聽幻覺的形式出現，但扭曲爲他人的批評；內容也變成是最近的經驗，而非過去的。」（呂思姍中譯，出自Freud, S., Further remarks on the neuro-psychoses of defence, 頁184-185，1928，英文標準版第3冊。）

　　至於屬於精神病層次的分裂機制（splitting），在此時就被提出來了，但直到1938年《防衛過程裡自我的分裂》（Splitting of the Ego in the Process of Defense）裡，才稍系統地處理splitting，這個在自戀型和邊緣型個案很重要的防衛機制。畢竟在生命早年承受重大創傷者，他們的破碎的人生，以及恐懼和

受苦在往後人生，如考古學者要花多少時間，才能理解這些由於splitting的運作成果呢？而破碎的自己如何拼湊出自己呢？這是精神分析的重要焦點。

尤其是罪惡感這個複雜的情感，所引發的原始影響，「最後，我們開始認識到，我們正在對付一種所謂『道德的』因素，這是一種罪疚感，想疾病得到滿足，拒絕放棄病痛的懲罰。把這相當令人失望的解釋作為最後的結論是正確的。但是，就病人而言，這種罪疚感是無聲的；並沒有說出他有罪；他也不覺得有罪，只是覺得生病。這種罪疚感表現為一種對難以克服的身體康復之阻抗。要使病人相信，這種動機是他繼續生病的原因，也是特別困難；他堅持那種更明顯的解釋，即分析治療對他的病情毫無幫助。」（王明智中譯，出自Freud, S., The neuro-psychoses of defence, 頁50，1937，英文標準版第3冊。）

佛洛伊德進一步這麼說，「我們可以進一步大膽假設，大部分的罪疚感在正常情況下必定是潛意識的，因為良心的根源和屬於潛意識的伊底帕斯情結緊密相連。如果有人想提出這種矛盾的假設，即正常的人不僅遠比他所相信的更不道德，也遠比他所知道的更道德，那麼，前半句是以精神分析的發現為依據，精神分析對剩下的後半句則不反對人們提出異議。……潛意識的罪疚感加劇會使人成為罪犯，這是

superego押著id，但id不是省油的燈：從佛洛伊德說的談他沒有說的

令人驚訝的發現，但無疑卻是事實。在許多罪犯中，特別是年輕的罪犯，會發現他們在犯罪前就已存在非常強烈的罪疚感。因此，罪疚感不是它的結果，而是它的動機，好像能把這種潛意識的罪疚感施加到某種真實和直接的事物上，以達到某種釋放。」（同上，頁52。）

在面對罪惡感的強力壓力下，讓改變變得很不容易，如果要讓困局有新的視野，我建議從防衛的角度來說，將「顯夢」當做如同「假我」，它們都是有被修正過的再現（representation），而「隱夢」如同「真我」的概念，只是真我是什麼？可能如同隱夢般，是不可能完全呈現或說清楚的存在。由於記憶和防衛的緣故，是不可能再完整重現隱夢和真我，只能在假我或顯夢裡，探究那些遺漏或失落，卻又不可能完全復得，一如「陽具欽羨」者尋找著不曾擁有卻覺得曾擁有的東西，所帶來的失落和憂鬱的潛在多重樣貌。

我有一些想像如下，是否基於需要而防衛的結果，是讓真我或隱夢有所失落？而假我和顯夢是防衛的結果，但是人花了更多的力氣，處理其中的失落感。也就是，假我和顯夢出現的同時，面對這些防衛時，也同時在處理著失落。因為深深知道卻需要防衛，這種知道是最真我或最原始的隱夢內容？雖然一

直存在著，不曾真的失去，但是相對於意義來說，每呈現一次顯夢或假我，就意味著失去一次接近真實的機會？是否假我或顯夢的目的之一，是處於焦慮真實的自己會真的消失？因此顯夢是為了不斷地追逐隱夢，只是由於防衛始終是必然存在的心理，使得這種追逐是不可能最終完成，是持續進行中的任務。（取自蔡榮裕《失落的空洞感：在佛洛伊德的古典臉色裡找自己》第四堂。）

第六堂

- Freud, S. (1937) Analysis Terminable and Interminable. SE.23, part 5, p.234-240.
- Freud, S. (1923) The Ego and the Id. SE.19, part 5, p.48-59.
- Freud S. (1894) The neuro-psychoses of defence, SE.3, p.41-68.
- Freud S. (1896) Further remarks on the neuro-psychoses of defence, SE.3, p.157-186.

第七堂
面對分化時的節制與整合

　　一個人能夠走來診療室被分析被治療，意味著他還能夠處理或「整合」，生活上的各種固定問題、突發狀況，或預先做了某些準備，讓來治療的時間可以不被太過干擾。但是如果愈走愈深細，就會愈來愈把小細縫，當成大的懸崖來對待，不論在認知或情感上都會這樣，使得自己對自己或對客體，就會帶來更大的緊張關係，因為在這種此時此地的處境裡，焦點已經走到需要探索深細的分裂機制所帶來的現象。

　　如果分裂機制是人活存下去的重要機制，意味著潛意識領域裡，就算是重複的問題，如同有著佛洛伊德所說，「強迫式的重複」（repetition compulsion）所帶來的「負面治療效應」（negative therapeutic reaction），但是只看這些負面效應，臨床效果不如預期，這是怎麼回事呢？我的假設圖像是，如同前述，隨著分析治療的探索愈深入，所形成的局面是，我們和個案在面對生命早年，因為分裂機制所產生的決裂細縫，由於更仔細的觀察，而在心理和關係上，會變成巨大的裂縫，增加個人的壓力，以及和客體的相處會帶來更大的張力。

亦即一般所說的，是進入問題的深水區了。縱使只有小小的不同，在這種情境下，就會如同在顯微鏡下所看見那般，構成巨大差異或難以跨越的鴻溝，而且實質上就整個大的面向來說，這些深細的分裂機制所產生的現象，整體上來說，是比例很小很細的縫細，但是在互動時卻可能出現如前所述，他又來了，而增加高濃度的厭惡感。好像那是對方刻意如此，以為既然已經知道了，怎麼老是重複故意再犯，並且以為這就是自己對對方，有著真正且深刻的了解。

　　在這種情緒糾葛下，就會重複的牽扯，「我們沒有理由去質疑自我存在著原始、先天的特質以及其重要性。每個人都從可能的防衛機轉中做出選擇，他總是僅使用一些機轉並且總是使用相同的機轉。這似乎表明了每個自我從最初就被賦予了個體氣質與傾向，儘管我們無法確定其本質或者它們的決定因素。」（彭奇章中譯，出自Freud, S., Analysis terminable and interminable, 頁240，1937，英文標準版第23冊。）讓那縫細從心理上的小縫細，變成現實上的大鴻溝。也就是和一般想要從外在環境的大風暴，轉型成茶壺裡的小風暴，走著相反的路程，因此我們需要再問，什麼是「了解」呢？

　　佛洛伊德於《在精神分析工作裡所遇見的某些性格類型》（Some character-types met with in

superego押著id，但id不是省油的燈：從佛洛伊德說的談他沒有說的

psychoanalytic work, 1916, SE.14）裡表示，精神分析的工作一直蒙受著批評，說讓人們放棄即刻直接的欲望滿足，不過依佛洛伊德的說法，精神分析並未要求人們要放棄所有欲望，而是只針對那些滿足後會帶來破壞結果的欲望，提出了更多的想像。佛洛伊德表示，在臨床上常聽個案抱怨，說他們已放棄夠多了，已受苦夠多了，因此宣稱不願再省掉其它的需求。

　　「在精神分析中，有些個案很難放棄有害的滿足。他們很難放棄即刻、短暫的愉悅以換取更好的未來，亦即很難從快樂原則跨越到現實原則。他們也很難屈從於適用在每個人身上的必然性，他們宣稱自己已經放棄夠多、受苦夠多，應該免除任何要求。他們是一群『例外者』。（p.312）……回溯這些病患的早期生活，他們認為自己蒙受不公平的損害，他們是無辜受害，以致於他們要反抗，要享有勝過他人的特權。（p.313）」（呂思姍中譯，出自Freud, S., Some character-types met with in psychoanalytic work, 頁312-313，1928，英文標準版第14冊。）

　　第一章談論「例外」時，以莎士比亞的劇本《理查三世》為主角，談論理查三世天生肢體不全，而對天和人充滿了恨意，讓他走向以謀殺奪愛的心理。但是，「觀眾會同情理查，因為觀眾自身有一部分像理

查。我們認為自己有理由責備造物主，以及先天不利的命運。我們的自戀與自愛都受損了，必須獲得補償。例如：為何我們沒有擁有某種能力或天賦呢？為何我們生長於中產階級家庭，而非皇室呢？」（同上，頁315。）

也可以說這是佛洛伊德的漏網之魚，因為這篇可說是焦點在失落後的苦痛，而引發出來的某種反應類型。也可以說是，憂鬱的某種反應，它的位置在佛洛伊德的理論裡未被深入，只因他是更著重伊底帕斯情結和焦慮，那麼這種類型的失落和憂鬱的反應，是否可以名之為「理查三世情結」呢？

另從馬克白的戲裡，佛洛伊德推衍著，何以有些人在成功後，反而出現問題或罪惡感？他的說法顛覆了一般人的想法，「在精神分析工作中，佛洛伊德發現有一些個案會做些被禁止的事，他們是受到罪惡感的壓迫，而必須完成一些罪行以緩和此壓迫。罪惡感是在罪行發生前已經存在、而非罪行發生後產生。（p.332）……罪惡感的來源為何？經由精神分析的工作發現，模糊的罪惡感來自伊底帕斯情結——戀母弒父。亂倫與弒親是人類兩項最大的罪行。良心的產生也與伊底帕斯情結相關連。（p.333）」（同上，頁332-333。）

不過，這些現象在表相上，可能都是先有他覺得

superego押著id，但id不是省油的燈：從佛洛伊德說的談他沒有說的

是忍耐和壓抑為主的心理，一如對有著邊緣型人格和歇斯底里並存的「朵拉」來說，佛洛伊德著重歇斯底里的症狀，主張那是對於欲望的潛抑（repression）後所帶來的結果。「Repression並不妨礙本能再現物持續存在於潛意識中，它干擾的是浮現到意識系統中。本能再現物藉由幻想在黑暗潛意識中發展茁壯，以致於後來浮現到意識中時，驚嚇到精神官能症病患，如同一個外來物一般。……並非全部的衍生物（derivatives）都被潛抑，如果衍生物經過扭曲或有許多中間物插入（距離夠遠），它們可以自由地接近意識（通過審查機制）。……精神分析的技術就是，要使這些經扭曲或遠離的潛抑衍生物（derivatives），能穿過監督機制（censorship）而到達意識。」（呂思姍中譯，出自Freud, S., Repression, 頁149，1928，英文標準版第14冊。）

　　精神分析在早期文獻裡，大都就圍繞在這個概念為基礎，建構出豐富的臨床經驗的描繪，就大方向來說，歇斯底里等精神官能症，在精神分析的後設心理學，主張它們是和伊底帕斯情結有關，在自我的防衛機制上，是以潛抑、合理化或反向作用等為主。主要的技巧是自由聯想（free association），「病人的聯想也是一種扭曲且遙遠的衍生物。……精神官能症的症狀也是一種衍生物，其最終成功地通達至意

識。……什麼程度的扭曲與遙遠是必要的，才能使意識的阻力去除，這並沒有一定的規則。」（同上，頁150）。我們至今在臨床上常見的焦點，例如邊緣型和自戀型人格者，他們的自我防衛機制是以分裂和否認等機制爲主，因而常是有著全好全壞式的二分法傾向。

　　不少人對於伊底帕斯情結的故事裡，把出現的弒父娶母的象徵，推想成一個人成長要做自己，就是要在象徵上殺掉什麼。不過如果仔細觀察，人在改變的過程來說，這種簡化式的期待是相當理想化，甚至是過於理想化的想像，本質上像是原始分裂機制的持續運作，所產生的顯明期待，這是人性實境的實情嗎？也許是存在的，所以會成爲一般通俗受歡迎的說法，但是社會又以各種律法和禁忌，來預先處理這些潛在的撕裂。

　　這個命題是需要有另一個疑問，來做爲思索的起點。也就是人和人之間，或人的內在世界裡，是以這種革命式的現象在變化或成長嗎？這是帶來空洞感，或者踏實的往前走呢？雖然一般來說，是容易將慢慢累積到某個程度的內容，後來帶來明顯巨大的改變叫做革命，但是否這是累積很多的改革，所呈現出來的現象？也就是，過程是隱微逐漸的改革，最後積累出一個被稱爲革命的現象，不只是指政治上的，而更指

superego押著id，但id不是省油的燈：從佛洛伊德說的談他沒有說的

心理上和社會上的，更是美學的情感品質。

　　試想要以帶著血腥的想像，所謂弒父，做為想像的成長「做自己」的過程，這個說法就是一個值得思索的課題。至於是否就是依著這種想像，在執行著分析治療的過程，這就會引來不同的觀點了，而且這些不同觀點是需要的，畢竟在分裂機制下，所呈現兩極化的情感或想法，更常是後續問題的來源，而不是解決原本困局的方法。這是最原始的反應，因此在人類的文明裡，仍有它的一席之地。至今仍可以隨時看得到它的強大影響力，例如，民主老牌國家主要政黨的二元化，在文明裡仍是可以看得見它的影子，是如此深刻，且影響著一些重要的論述和決定，不只是生活方式的想法，也包括了美學的選擇等。

　　本能衝動或它的代表原我，是有這樣的特色，「事實上，我們有心理準備在分析中發現一定數量的心理慣性（psychical inertia）。當分析工作為一個本能衝動開啟了新路徑，我們幾乎總是觀察到，衝動並不會毫無猶豫地進入新路徑。也許這說法並不是很正確，我們稱此行為是來自本我的阻抗。……對於這裡的病人而言，所有的心理歷程、關係和力量的分布都是不可改變的、固定的和僵化的。我們在很老的人身上發現同樣的狀況，在這種情況下，這被解釋為基於某種被描述成習慣力量或接受度耗盡所導致—— 一

種心理內部穩定性（psychical entropy）。但我們在這裡處理的是年輕人。」（彭奇章中譯，出自Freud, S., Analysis terminable and interminable, 頁242，1937，英文標準版第23冊。）

至於在文明及其不滿的現象裡，就人類千年來的情況來看，文明是免不了的創造，但就算人有需要以文明來處理很多潛在的野性，或是處理佛洛伊德主張的本能衝動，不過顯然的，文明是不可能完全掩蓋住本能衝動，而讓文明反而變成本能衝動的壓迫者，因而帶來了實質的不滿。

再細想佛洛伊德主張的，生之本能和死亡本能，這是二分法區分人性的本質。「只有透過愛慾和死亡這兩種原始本能同時或相互對立的作用，我們才能解釋生命現象的豐富多樣性。……這兩種本能的某些部分如何結合起來以實現各種生命功能、什麼情況下這種組合會變得鬆散或破裂、這些變化會對應出怎樣的干擾、以及享樂原則的知覺尺度對這些變化反應出怎樣的感受——這些問題的解釋將是心理學研究中最有價值的成就。」（同上，頁243）

雖然在比喻想像上，這是兩股力量絞在一起，或者兩者只是一片力量的兩端？大都分是屬於兩者之間的地帶，不同的想像就會衍生出不同的處遇模式，或者如果克萊因描繪的死亡破壞本能，如同黑幫那般

superego押著id，但id不是省油的燈：從佛洛伊德說的談他沒有說的

的勢力運作的方式，是加上「對攻擊者的認同」，因而錯覺地以為經驗裡，大人的攻擊才是人生的主要方向。

　　甚至自我在應對處理早年創傷經驗時，可以觀察到理想的形成，卻是走向極端的一方，乍看是理想，卻容易成為分裂兩極化的起點。這些跡象都是顯示著，佛洛伊德在晚年正式專文提出的，《在自我防衛裡分裂機制的運作》，這是相當原始的心理防衛機制。「我們假設一個孩子的自我（ego）是被一個強大的本能需求所支配著，並習慣於滿足本能。他可能突然被一段經驗給驚嚇到，並學到如果繼續如此滿足本能，就可能會導致現實上幾乎是難以忍受的真實危險。……現在得決定是否要承認這份危險並放棄本能滿足，或者否認（disavow）現實，讓自己相信沒有理由去害怕，如此就能維持滿足。」（彭奇章中譯，出自Freud, S., Splitting of the ego in the process of defence, 頁275，1938，英文標準版第23冊。）

　　也許是這個防衛機制的存在，使得人生後來大都很難完全脫離二分兩極化的現象，例如，克萊因的強調死亡本能這端，卻因此被批評忽視了生的本能或性本能，強調乳房的好或壞的二分，而相對忽略了乳房的性感因子。

　　可能由於分裂的防衛機制帶來的是負面反應，加

上主張要眞我，而將防衛當做是假我的緣由，使得普遍上對於談論自我的防衛機制，是覺得那是問題的來源。佛洛伊德是這樣說，屬於精神官能症層次的潛抑機制，「遇到外在刺激人們可以逃跑（flight），但對於本能，則無法用flight的方式，因爲自我無法逃脫自身，只能用批評（譴責）來拒絕之，而潛抑就是譴責的初步階段，介於譴責與逃跑之間的方式。……當本能在一方面產生愉悅（pleasure），另一方面產生不愉悅（unpleasure），且不愉悅的強度大過愉悅，此時潛抑就可能發生。」（呂思姍中譯，出自Freud, S., Repression, 頁146-147，1928，英文標準版第14冊。）

如果要在精神分析或分析治療的過程裡，尋找眞相或眞正的自由，怎麼可能要再讓防衛機制成爲主要焦點呢？因爲防衛就會被輕易地解讀爲，邁向不自由，不夠透明，不夠開放，以及精神分析史上曾以指出個案使用什麼防衛機制，做爲重要的分析技巧，當時是過於樂觀，以爲個案只要知道防衛機制的名稱，就不會再使用相同的防衛，那麼問題和受苦就得以解決。回頭來看，這些是天眞的主張，和實作經驗是有所落差，但是這樣就表示，自我的防衛不需要被觀察和處理，甚至加強嗎？

克萊因的論點是極力要和「自我心理學」有所不

superego押著id，但id不是省油的燈：從佛洛伊德說的談他沒有說的

同，強調的是客體關係，尤其是嬰孩和乳房的關係。但是克萊因的不少重要文章，就是在談論生命早期自我防衛的課題，她相當深入細微的推想，「自我」（ego）是如何執行著防衛，而建構出妄想或躁症防衛？好像預設著，人活著和活下去的線索，勢必就是在自我運作的防衛裡，展開人生的篇章。

那麼如何在這些可能性下，建構自我的防衛機制和體系呢？這是精神分析需要思索和工作的嗎？這是精神分析取向的實作過程裡，能做的嗎？而且能做得到的嗎？畢竟談論這些防衛的建構，不是如具體的外在現實的建設，那麼容易計算衡量心理防衛是指做什麼呢。如同重建皮膚的比喻嗎？但是如果覺得精神分析的實作，並不需要深究自我的防衛機制，這種假設是基於什麼呢？

本章是嘗試思索分裂機制，它是如此深沉的存在，而它所展現的兩極化現象，帶來了分化和矛盾，如鴻溝。「於是就得面對一個矛盾，是要繼續受本能支配？或是被現實給禁止？事實上孩子兩方都不接受，或是同時採納兩方，這導致相同的結果。面對衝突時可能會展現兩種相反的反應，兩種都有價值且有效。⋯⋯一方面拒絕現實並拒絕接受任何禁止；同時間也承認危險的現實，以一種病理症狀來接管對此危險的恐懼，並試圖擺脫此恐懼。⋯⋯這種巧妙的解決

之道付出的代價是自我的撕裂，而且隨著時間的增加，這份撕裂永不癒合。對衝突的兩種相反反應是自我分裂的中心點。」（彭奇章中譯，出自Freud, S., Splitting of the ego in the process of defence, 頁275-276，1938，英文標準版第23冊。）

在這樣的情況下，人的自由是減少的，如果精神分析是以自由做爲重要的臨床實作，和後設理論思考起點，那麼面對分化和分裂的現象，我們還能再想些什麼呢，而不致只陷在無力感、無助感和無望感裡呢？畢竟如果這些「無」的集結將產生很有力量的破壞，這些破壞是否要馬上歸因於，是死亡本能或破壞本能，這是臨床觀察和判斷的課題。

只是如果歸因於本能，我們得知那不是語言能夠抵達，並發揮作用的領域，雖然我這麼說，好像有些抵觸，當我們去詮釋源於死亡本能的負面移情，所可能帶來的用處。我是主張，這是需要再重新觀察的所在，是詮釋的語言抵達了破壞本能的領域？而且這些話語有被聽到，並且聽進去了，而帶來一些後續的改變？雖然這些細節其實仍是所知相當有限。

或者另有其它因素，發揮出功能和作用力？是否因爲詮釋的內容之外的因子，帶來影響，例如，支持的力量，或者因爲治療師的穩定存在，使得個案的無助感和無望感有所調整，進而減少了無力感？相對

地被覺得是有力的存在，或者這些「無」是透過什麼
方式，發揮出「有」什麼的破壞力量？這個從「無」
什麼到「有」什麼的過程，也仍是所知有限的路徑，
這是個重要課題，是否在面對這些如比昂所說，無可
確定（uncertain）、無可了解（unkown）的處境
時，有著二元分化的極端，對立要談論「整合」，是
硬將兩方湊在一起嗎，或是要先剔除某一方做為條件
呢？

　　或者更真實的心理情境是，談論整合是什麼前，
我們更需要的是，佛洛伊德提出對分析師的警語，要
節制自己的欲望。而在這些原始分裂的情境裡，是否
這個警語也是適用於，對於治療雙方的期待，如何細
緻地達到有效節制兩極端，才是所謂整合的起始點？
而光是「節制」並能夠有意義的達成，就是一條長
路。

第七堂

・Freud, S.（1937）Analysis Terminable and
　Interminable. SE.23, part 6, p.240-247.

・Freud, S.（1923）The Ego and the Id. SE.19,
　appendix A, p.60-62.

- Freud S.（1916）Some character-types met with in psychoanalytic work, SE.14, p.309-336.
- Freud S.（1915）Repression, SE.14, p.141-158.
- Freud S.（1938）Splitting of the ego in the process of defence, SE.23, p.271-278.

第八堂
本能的衍生物及它們的命運

當佛洛伊德對於希臘神話裡「梅杜莎的頭」,有了劃時代的說法,讓陽具閹割情結和死亡等概念,走進了這個神話故事裡。「蛇型的頭髮無論多可怕,他們其實是用來降低恐怖的,因爲是用來取代陰莖,沒有陰莖是造成恐怖的原因。……梅杜莎的頭之景象會使觀看者因爲驚嚇而變得僵硬,轉變成石頭。這部分也是閹割情結的起源與相同的情感轉變。……變得僵硬表示勃起,在原初情境中給這位觀者提供寬慰,僵硬確認自己還有陰莖。」(彭奇章中譯,出自Freud, S., Medusa's head, 頁273,1922,英文標準版第18冊。)

但是故事走到現在,是否疲累了?這些概念是否老化了?在走進神話世界後,反而被吸納了,而走不出來,難以再引起刺激和思考,就像是一陣吹過耳邊的風,或者它依然足以讓我們多想些什麼呢?這就回到讀者自己來找答案了。也就是我們所提出的術語和概念的命運如何呢?已經一百多年了,也許時間還不夠長久,這是什麼帶來的改變呢?雖然我們做爲臨床家,是更在意這些概念在臨床的效用,但是從歷史的

長河來看，精神分析概念的起伏，是一件有趣的事，也反映著精神分析這項技藝，在人世間浮浮沉沉所衍生出來的現象。

　　或者更根本的問題在於，我們是如何知道「本能」是什麼？先回到佛洛伊德的說法，「首先，本能刺激並非來自外在世界，而是產生於有機體內部，那麼要逃避它是不可能的。因此，它以不同的方式運作心智，爲了消除它，需要採取不同的行動……。描述本能刺激更好的術語是需求（need），要消除需要就要滿足（satisfaction），而滿足只有透過對內在刺激的適當（足夠）改變才能達成。」（王明智中譯，出自Freud, S., Instincts and their Vicissitudes, 頁118-119，1915，英文標準版第14冊。）

　　不過不管問的是什麼，最終是好奇何以我們或個案會是目前的樣子？這不涉及批判，也不涉及太快的建議，而是仔細聆聽和觀察，再加上想像後，藉由我們的語言和文字，來試圖描繪我們的想像。這是我們走進深度心理學的路徑，而本能的概念是佛洛伊德採自生物學和物理學的概念，「如果我們現在從生物學的觀點來思考心理生活，那麼，我們就會把『本能』視爲介於心理與身體邊界的概念；當做刺激的心理表徵，這些刺激來自有機體內部並觸及心智；以揣度由心智運作的需求，這是身心相互連結的結果。」（同

上，頁121-122）理論上那是無法眞正以五官接觸得到的領域，僅能和它所外顯出來的代表接觸。

　　例如，佛洛伊德規劃了性本能和死亡本能的領域，而他以愛神Eros做爲性本能的代表，以戰神Thantos或佛教的涅盤（Nirvana）做爲死亡本能的代表，但是代表並不等於本尊，而本尊的眞正意涵和範圍，也隨著不同比喻的代理者，而有不同的範疇。如果你受虐和施虐，這兩種外顯現象做爲觀察對象，它們和深度心理學的關係，「一旦施虐傾向轉爲受虐傾向，痛苦便很容易爲其提供被動的受虐目的，因此，我們有足夠的理由相信，痛覺，像其他的不快樂的感覺，引發了性興奮（sexual excitation），並產生一種快樂的條件，正因爲如此，主體寧可體驗這種不快樂的痛苦。一旦痛覺變成受虐的目的，那麼，產生痛苦便以退化的方式轉爲施虐的目的。在別人承受痛苦的同時，主體透過向受虐者認同（identification）來享受受虐的情況。當然，在這兩種情況下，享受的並非痛苦本身，而是伴隨痛苦的性興奮——可從施虐位置方便取得。」（同上，頁128-129。）

　　當佛洛伊德在他的視野裡，要正視本能的存在，並想要描繪出它的模樣，和運作自己讓別人或其它的自己知道它的存在時，就意味著精神分析早就走在難

行的道路上了。例如，佛洛伊德以「梅杜莎的頭」做
爲象徵，要來說明他在臨床的發現，他給與那神話的
意象是，有著閹割情結，頭髮如蛇，也如陽具，那麼
這個意象和精神分析的術語概念有了聯結後，我們能
在這個基礎上想些什麼，做些什麼呢？或者這樣的聯
結也許可以說成是，以精神分析的理念來詮釋神話故
事，這麼做的目的是爲了什麼？是要讓神話系統產生
根本的改變嗎？一如我們期待個案，在分析治療的過
程裡，從自己的故事裡，經由我們的詮釋，而有了新
的自由，新的想法而改變。

　　所謂改變，就是如此簡化嗎？是否還需要更多
的術語和故事，做爲改變途中的不同站名？那麼到底
精神分析所帶來的是，痊癒、改變、改善、轉型或蛻
變呢？不同的詞可以讓後人因此衍生出不同的想像，
也會有著不同的命運。佛洛伊德嘗試集結一些日常語
彙，來建構肛門如果有情慾，它的樣貌是什麼模樣？

　　例如，「觀察精神分析的過程，使佛洛伊德懷
疑在秩序性（orderliness）、吝嗇（parsimony）
和頑固（obstinacy），這三個性格特質中的任何一
種持續共存，顯示出其性結構中的肛門情慾加劇，
而自我所傾向的這些反應模式，是在發展過程中透過
肛門情慾的同化（assimilation）所建立而成。……
人們普遍認爲貪婪（avarice）、迂腐（pedantry）

和頑固（obstinacy）這三個性格，都源自於肛門情慾——或者更謹慎完整地說——從肛門情慾獲取強大的挹注。」（彭奇章中譯，出自Freud, S., On transformations of instinct as examplified in anal erotism, 頁127，1917，英文標準版第17冊。）

　　先保留這些想法在這裡，回到佛洛伊德的文本，關於本能的蛻變後的模樣，佛洛伊德在《以肛門情欲爲例談關於本能的蛻變》（On transformations of instinct as examplified in anal erotism）裡的想法可以做爲參考，比昂的蛻變（transformation）理論，相對於詮釋（interpretation），兩者功能的關係是什麼？

　　是什麼因素帶來了改變，是詮釋後的新認識，或是某些不自覺的累積而帶來了蛻變？這些疑問就涉及分析治療的方向，不然如果光只是以洞識爲目標，很可能如臨床常見的，個案以理想化的努力達成了某些了解，但是仍無法如預期的，可以成功解決原本的困擾。因此是需要再加進其它的想像，要有其它的生活內容進來診療室的過程裡。

　　這些想法並不是排除現有的想法和做法，而是覺得需要節制，不是只一心一意往設定的，就只以「詮釋」做爲成功之路的方向，而是讓新的生活素材和可能無關緊要的想法，可以湊進來一起想一下，畢竟有

著自由做基礎，這些素材逐漸就會交織成不同的蛻變，而不必然是一般想要的改變，這是有著要把舊有的排除，而有全新的可能性，才會被叫做改變。因此在想法上，可能是以個案所要排除的，就是他要的，而且我們做為專業職人，雖有比昂的「沒有記憶」和「沒有欲望」做為目標，但在抵達這種理想前，最好仍是相信自己有目標，也有欲望，因此我們不是要排除這些才有新空間，而是在目前「有」的故事內容上，逐漸有所節制，讓新的生活事項和想法納進來，就會逐漸交織一起讓生活慢慢有了蛻變？

雖然在診療室裡，詮釋雖被當做是精神分析取向的核心技藝，但是不要忘了，在每次的會談時間裡，執行詮釋的次數和時間是不多的。相對的，大部分時間是在聆聽和等待，雖然中立態度和分析態度，做為這種沉默時刻的心理基礎，但這是什麼呢？安娜・佛洛伊德說，中立態度是在ego, id, super-ego之間，取得等距平衡，至於分析態度就更難以明確了，但是偏偏這些沉默時刻的技術，卻是被忽略了，那麼精神分析式的等待，有什麼特別的地方嗎？在詮釋之外，這些會發揮什麼作用嗎？

一個基本的命題，本能，是否能被詮釋？而本能的蛻變是指什麼呢？本能的說法已是常識了，但它是什麼？當我們說本能時，是指著什麼呢，現有的語言

已經清楚說明了本能了嗎？包括目前化約來說的兩種分類，一是生之本能，二是死亡本能，而生之本能常是被性本能的說法所取代，而死亡本能也有人說就是破壞本能。

臨床觀察和判斷的課題，如果是歸因於本能所帶來的問題，意味著不是語言能夠抵達並發揮作用的領域，也可能語言抵達後，發現不同語詞之間有它們的互相取代性。畢竟，潛意識有它自己的運作邏輯，「如同無意識的產物——自發意念、幻想與症狀——之中，糞便（金錢，禮物）、嬰兒和陰莖的概念是難以區分的，而且容易互換。……為了將事情以一種不容易被拒絕的方式呈現出來，無意識中的這些元素常被視為等價且可以自由互換的。」（同上，頁128）

或者另一種說法，如這是屬於「原始的」地帶，由於本能的領域是無法直接被觸及，我們只能觸及它派遣出來的代理者。這使得精神分析這行業，想要正視人有這塊領域，也假設很多問題是來自那領域，但是有了這個主張，就開始了冒險原始地帶的旅程。甚至我們以原始地帶，來比喻本能的領域，並不必然足以說明本能的複雜生態，雖然本能的概念，幾乎是日常語言裡的一部分了。但這並不是說，我們對於它的了解就是足夠了。

對分析師的養成來說，儘管有著前述的課題，

佛洛伊德給了一個方向，「我們認為他在自己的分析中得到之刺激，並沒有在它結束時停止，而是在重建自我的過程中繼續在被分析者身上自發地延續，並使用這種新獲得之感受的所有後續經驗。事實上這確實發生了，而且只要它發生，它使被分析者有資格成為分析師。」（彭奇章中譯，出自Freud, S., Analysis terminable and interminable, 頁249，1937，英文標準版第23冊。）

　　至少從臨床角度來說，我們在診療室裡，點出了個案的某問題，是源於某種本能，這樣的說法幾乎不太可能帶來有效的改變，雖然有人會說那是時間的問題。但是把無法奏效的原因，說成是時間未到，這是什麼意思呢？與其推給時間，不如再仔細觀察和思索「本能」這字眼被知道後，何以無法帶來預期的改變？這就表示，我們對於它的理解還有限。至於理想的分析師，佛洛伊德是這麼說，「我們的目標不是為了要促進基模式的『正常性（normality）』而抹去每個獨特的人性，也不是要求經過『徹底分析』的人不應該感到激情且不會產生內在衝突。分析的事業是為自我的功能確保最佳的心理情境；如此，它就已經完成了它的任務。」（同上，頁250）

　　我這麼說好像有些抵觸，對於起源於死亡本能的負面移情的詮釋，所可能帶來的用處，我是主張這

superego押著id，但id不是省油的燈：從佛洛伊德說的談他沒有說的

是需要再重新觀察的所在，是詮釋的語言抵達了破壞本能的領域，而且這些話語被聽到，並且聽進去了，而帶來一些改變？或者發揮出作用力，是另有其它因素？這裡所說的自我功能是指能夠做什麼並達到什麼狀態呢？

　　如果我們假設，潛意識裡的死亡本能，轉型成破壞本能，來影響個人的一生時，這是什麼意思呢？這些本能是什麼呢？照理我們是無法直接見識到「本能」本身，那是潛意識裡無法被五官所觸及的存在，如前所述，我們只是透過其它的代表物或再現物（representation），來感受和推想它的存在。以由愛生恨為例，愛恨表象的分明裡，有種說法是恨比愛還要古老，「混合的恨均以自我保存本能為其根源。當與客體愛的關係中斷之後，恨總是取代其位，於是我們便形成由愛生恨的印象。此一情形導致了下列觀點，恨的真正動機是，由於愛退行到施虐前階段，恨便有了愛慾（erotic）特徵，如此便可以確保愛的關係得以延續。」（王明智中譯，出自Freud, S., Instincts and their Vicissitudes, 頁139，1915，英文標準版第14冊。）

　　還是值得以其它的象徵，來嘗試理解一些臨床現象，一如佛洛伊德搬出伊底帕斯王的故事，來說明他發現嬰孩和父母之間的複雜情感。但是在伊底帕斯情

結被說出來後，讓其它細節被當做是非主幹的枝節，就在一般想像的「去蕪存菁」的感受下，只注意著直接相關的訊息和故事。也就是看清楚了某項內容，卻同時盲目了其它訊息。

這種情形也出現在其它語彙，例如陽具欽羨（或陰莖嫉羨penis envy），就臨床實情來說，可能是過於簡略的說法，好像可以說出什麼，卻遠離了臨床現場的複雜性，「如果我們深入了解一個女人的精神官能症，我們經常遇見一種潛抑的願望，像男人一樣擁有陰莖的願望。我們稱這種願望為『陰莖嫉羨』並且將納入閹割情結之中。……對於陰莖的嬰兒式願望（infantile wish）之最終結果，是女性後期生活中影響精神官能症的決定因子會消失：它轉變為對男人的渴望，因此將男人作為陰莖的附屬品。因此，這種狀況將原本對女性性功能具有敵意的衝動轉變為喜愛的衝動。」（彭奇章中譯，出自Freud, S., On transformations of instinct as examplified in anal erotism, 頁129，1917，英文標準版第17冊。）

如果以霸道的國王來比喻，在禁區裡的死亡本能，而這個本能是有能力派遣出兵士出征，而造成破壞的現象，也許接近破壞本能的說法，就臨床來說，兵士是具有戰鬥力的主體，它們可能存在的方式，是某些症狀或是某種態度。但是帶來了破壞的結果，而

　superego押著id，但id不是省油的燈：從佛洛伊德說的談他沒有說的

我們做為個案的外在客體或輔助的自我，和個案的自我能夠處理的是，收拾這些殘局，這些由兵士所帶來的破壞，在個案可能呈現在人際關係，或者工作成就上。但由於只是兵士而已，如果假設我們是要詮釋，這些兵士背後有著國王的動機，這些兵士在打打殺殺之餘，還有能力了解我們的詮釋想要傳達的深意嗎？

以愛恨這種情感的複雜動態為例，我們有能力說清楚，並且要兵士傳達嗎？「當純粹的自戀階段讓位於客體階段時，快樂與不快樂才能代表自我與客體的關係。如果客體變成快樂感覺之源，一種使客體靠近自我的動機便油然而生，使客體被併吞到自我之中。然後我們會說，提供快樂的客體具有『吸引力』，並說我們『愛』那個客體。反之，若客體引發不快樂的感覺，主體便會努力增大客體與自我的距離，透過排除刺激，以重複對外在世界的逃離。我們感到對『客體』的『排斥』，憎恨它，此一憎恨日後發展為對客體的攻擊傾向——以摧毀客體。」（王明智中譯，出自Freud, S., Instincts and their Vicissitudes, 頁135-136，1915，英文標準版第14冊。）

何況是要它們幫忙轉達我們的詮釋給它們的國王，如果是這樣，我們把兵士都視同仇敵，要殺光它們，那麼誰會幫我傳達詮釋的意旨給國王呢？或者實情是，有些兵士也有著傳令兵的溝通角色，一如溫尼

科特主張的，非行行為也是某種傳達希望的目的，有著溝通的意涵，也如同比昂微調克萊因的「投射認同」概念，認為投射認同也有好的部分被投射出去，有溝通的意味。因此是另有一些溝通者，夾雜在兵士之間，讓我們的詮釋，尤其是對負面移情的詮釋，卻是針對那個死亡本能的國王所發出的通緝令？

　　就算有傳令兵拿著我們的詮釋所發出的訊息，希望藉由對負面移情的詮釋，來滅絕死亡本能時，傳令兵敢跟國王報告這件訊息嗎？或者報告這封如同通緝令的詮釋，國王就會突然痛改前非嗎？或自己打開城門，向我們投降嗎？其實這些都很難，那麼何以臨床上有些克萊因學派的跟隨者，會覺得這種詮釋仍有作用，是否意味著還有其它我們不知的現象存在著，並且發揮了給與通緝令之外的功能，讓國王有所感動，而在某些時候會因為心動，而少派出兵士？只是國王畢竟是國王，他有打開城門走出城牆，向我們投降嗎？或者等於要國王接到我們的詮釋，如同通緝令般，要國王自宮，但這是可能的事嗎？

　　如果這些事還未發生，那麼和國王派出來的兵打戰，我們可能很難接近國王的城池，我們只在離城堡很遠的郊外和兵士交手。但我們能夠和兵士玩嗎？這是可能的嗎？能夠玩得有趣且有情感的互動嗎？這是我們做為分析師或治療師的工作嗎？我們要派遣什麼

superego押著id，但id不是省油的燈：從佛洛伊德說的談他沒有說的

和它們玩耍呢？如同衍生溫尼科特所說的，我們如何將那塊殺伐的荒郊野外，轉型成具有創造力的「過渡空間」呢？

第八堂

· Freud, S.（1937）Analysis Terminable and Interminable. SE.23, part 7, p.247-250.
· Freud, S.（1923）The Ego and the Id. SE.19, appendix B, p.63-66.
· Freud S.（1922） Medusa's head, SE.18, p.273-274.
· Freud, S.（1915）Instincts and their Vicissitudes. SE.14, Editor's Note and 本文前七頁, p.111-123.
· Freud, S.（1917）On Transformations of Instinct as Exemplified in Anal Erotism. SE.17, p.125-134.

第九堂

自戀是獅子或是餓鬼呢：它能吞掉社會戀嗎？

　　自戀是什麼，它可能有著多面的特性。「自戀一詞來自臨床描述。1899年Paul Näcke選擇以這個詞來表示一個人對待自己身體的態度如同對待性客體的身體一般，注視、撫摸，直到獲得完全的滿足。」（彭奇章中譯，出自Freud, S., On narcissism, 頁73，1914，英文標準版第14冊。）目前是有不少論點來談它，這是我們處理自戀這個議題時需要先知道的，當某人說著「自戀」這詞時，我們需要更進一步了解他的語義，才不會只以我們的觀點來想像它。因為當我們說自戀時，是那個我在自戀呢？自我、原我或超我呢？或者自戀是另有一個我，在執行自戀這個角色呢？

　　當我們假設自戀，尤其是徹底的自戀，是如同獅子般的存在，它是體態優雅，讓人想要多看它們一眼，看的時候很興奮愉悅，想著當獅子真是無敵啊。那是指獅子在籠子裡，如果獅子是在籠子外時，你會採取全然不同的處理策略吧。我們如何判斷眼前個案的自戀，尤其是破壞的自戀，並非是在籠外的獅子？

superego押著id，但id不是省油的燈：從佛洛伊德說的談他沒有說的

如果是在籠子內，至少我們是比較能夠自在欣賞，它們的自戀不把我們看在眼裡，這種不把我們看在眼裡，卻是讓我們愉快的，是有些奇怪的感受吧。雖然平時我們總是希望，被他人看在眼裡，但是被自戀極致，甚至被帶有優美的自戀獅子看不在眼裡，卻可能使我們感到興奮呢？

另外，如果自戀是「餓鬼道」的比喻，是個有趣的概念，這是來自日常宗教的一種比喻，主張在地獄裡有著某種餓鬼道。這裡的餓鬼的形象，是很大的肚子，肚子很餓，渴望吃很多東西，但是脖子很細長，很難吞得下東西，加上嘴巴裡有火，只要有東西進到嘴巴裡就馬上被燒掉了。其實這種形象在臨床上是常見的，不少個案會讓我們覺得，他們就好像吃不飽那般，治療師一直給建議，但總是無法滿足個案的需求，而且個案的需求常是多樣的，好像整個人生是處在某種飢餓狀態，一直要很多東西來滿足，卻總是難以滿足，總是給不夠的感覺。如果這種餓鬼在我們眼前，卻是讓我們覺得被剝削？

就先保持著這兩種想像吧。回到佛洛伊德，「從原欲配置的角度來看，自戀不是一種性倒錯（perversion），而是自我保護本能（instinct of self-preservation）中，有利己性（egoism）的原慾補充。」（同上，頁73-74。）當他觀察從愛情、慮病

到妄想症裡，都有自戀的成分，他是從這些臨床和日常現象的觀察而歸結出，人有自戀這個因子存在。

這是他做出推論的方式和運用的材料，都是在自戀的基礎上所做出的各種進展和創造，包括愛情後可能生小孩的創意，到難以適應自己的慮病症，和變成難以適應社會的妄想症等，例如，「一個受苦於歇斯底里（Hysteria）或強迫型精神官能症（obsessional neurosis）的病人，依據病情的擴展也會放棄與現實的關聯。但分析顯示他們絕非是斷絕與人事物的情慾關係（erotic relations），他仍將它們保留在幻想（phantasy）中。一方面用記憶中的想像客體來取代或混入真實客體。另一方面棄絕啟動與客體達成連結目的之行為活動。這種情況下的原欲才能稱為是原慾內轉（Introversion），這是榮格沒有區分的。……妄想性精神病則另當別論，他們似乎是真的將原欲撤回，並未用幻想中的人事物來取代之。當它真的是如此取代，這似乎是個次級（secondary）的過程，目的是將原欲導回客體。」（同上，頁74。）

從這幾個向度來說，這是很大的人生軸向，也可以說是他所歸納出來的潛在自戀，後來所推展出的外顯狀況，幾乎含蓋了人生裡大大小小的事。一如他以「性學」來做為潛在的核心，他在後來提出自戀的概念，是很重要的理論轉折，他再把精神分析的論點，

superego押著id，但id不是省油的燈：從佛洛伊德說的談他沒有說的

凹折進一個難以被言說甚至是言語無法抵達的領域。

　　如果說性學和自戀，是佛洛伊德開創後設心理學的兩大支柱，這也可能不為過，但是它們的關係是什麼呢？以愛情為例，性學在青少年後，有著身體和情感外顯上的重大變化，讓原本抽象的性本能或性驅力，有了推動的荷爾蒙和肌肉等來助陣揚威，而自戀呢？「個體事實上繼承著雙重性質存在：其一是服侍自己的目的，另一個如同與鎖鏈的連結，違反自身意願，或至少不是自願的。個體以性為目標；但另一方面他不過是作為生殖細胞質（germ-plasm）的附屬品，他付出自己的精力讓其支配以換取愉悅的回報。他是生命有限的載體，傳遞一種（可能是）不朽物質——像是限定財產的繼承者，只是暫時的持有者。」（同上，頁78）哪些症狀就是它於存在過程，隨著時間而呈現的重要外顯變化，例如常聽到的，我們是在愛人的身上尋找自己的影子，或者更原始的說法，我們把對方當做是自己的手腳那般使喚。

　　不過，大理論傾向以相同術語來說明最多的事情，但是臨床的效能可能是顛倒的，愈能說明最多範圍的語詞，在治療過程裡經由了解而有療效來說，可能卻是最弱的，因為它包含眾多，因此很困難在了解一個語詞後，就把所有潛在相關的內容都串連起來。也就是，一個包含更多訊息內容的術語，它離臨床在

場的複雜處境會是愈遠的，因爲臨場是枝節破碎的，不是一語貫之就可以串連起來。

例如，從臨床裡的阻抗現象來說，「但我們也從中學習到，阻抗以何種形式出現並不重要，無論是否以移情型態出現。重要的事情仍是阻抗阻止了任何變化的發生——一切都維持原狀。……我們常有這樣的印象，藉由對陰莖的願望以及男性傾慕，我們已經滲透到所有的心理地層，並且已經到達基岩之處，因此我們的活動就結束了。這可能是事實，對於心理領域來說，生物領域實際上確實扮演了潛在基岩的一部分。對女性化的否定可以不過是一種生物學事實而已，是性的偉大謎團之一部分。……我們很難說是否在何時已經成功地在分析治療中克服掌握了這一因素。只能確定我們已經給予分析者每一個可能的鼓勵來檢視和改變他對此的態度。」（彭奇章中譯，出自 Freud, S., Analysis terminable and interminable, 頁252，1937，英文標準版第23冊。）

另外，在《精神分析的困難之路》（A difficulty in the path of psychoanalysis）裡，佛洛伊德表示，由於自我的侷限所帶來對自戀的衝擊，而對於自戀受打擊後的反應，是造成精神分析的路徑裡發生困難的基礎。也就是，自我不是自己房子的主人，這件事是個很大的挑戰，佛洛伊德在本文裡是回到，性本

能在個體的分布，或者對於不同客體的投注分配的變化，探索對於精神分析過程的影響。

由於精神分析的經驗，讓他發現「自我」不是自己房子的主人，這件事是個很大的挑戰，「正因為精神分析設法教育自我。但是這兩大發現——我們的性本能生活無法被完全馴服；心智過程本身即是無潛意識的，只能透過不完全和不可靠的感知抵達自我，並且控制自我——這兩大發現等於判定了：自我不是自己屋子的主人。它們一起代表著人的自我之愛（self-love）受到第三次重擊，我稱之為心理學重擊。也難怪自我不喜歡精神分析，並固執地拒絕相信它。」（王明智中譯，出自Freud S., A difficulty in the path of psycho-analysis, 頁143，1917，英文標準版第17冊。）

不過，還另有一種難題，如果自戀是很原始的人性，或被當做是更接近動物性的話，意味著那是精神分析家說的，是語言抵達不了的地方，在那裡說話是無意義的事情。但是至少從經驗上來說，有共識的是，大家相信有這個領域存在著，也因此讓「自戀」這個語詞，如同「夢」這語詞般，雖無法實質看到摸到，但是大家在經驗上都相信它的存在。佛洛伊德藉由述說，讓語言以精神分析式的方式走進夢的領域，對於自戀的相關描繪是相對少的。

精神分析對於自戀這詞的引介，看來仍需要花更多的心力來描述它，一如我們對著大海說，你是大海，其實等於什麼都沒有說，大海會不會呼應我們叫它的名字呢。試想如果是這樣，我們只是對著自戀說，你是自戀，這有多說什麼嗎？這是我們想像中的核心技術裡的詮釋嗎？也就是當我們面對自戀時，就像面對大海，在其中還有很多待探索的豐饒之水，「性學」也如此，只是被以為說清楚了，有名有姓，認識清楚了，是否反而變成專業職人和他人溝通的障礙？

　　不過對佛洛伊德來說，他對於自戀的研究，則是有著臨床的觀察做為基礎，例如除了研究器質性疾病和慮病症外，「研究自戀的第三種方式是觀察人類的情慾生活，伴隨它在男性與女性中的許多種類區別。……自體性欲（auto-erotic）的性滿足是伴隨著攸關生命的功能，目的在於自我保存（self-preservation）。性本能一開始是與自我本能的滿足連結，後來才獨立出來，即使在那時我們仍辨識得出原始依附關係的跡象。負責餵食與照顧以及保護兒童的人成為最早的性客體：亦即最初是母親或是替代母親的人。」（彭奇章中譯，出自Freud, S., On narcissism, 頁87，1914，英文標準版第14冊。）

　　自戀裡，錯覺是真實的，是一體感裡的必要感

受，不然人和人之間，怎麼可能有一體感呢？意味著「非我」和「我」的錯覺混合，讓互不認識的人生展開一生漫長的路途，開展非我和我的相互認識的過程。非我和我的相互聯繫，需要一個中間地帶，讓非我和我在早期時，由於分裂機制運作著勢不兩立的二分，而難以相互認識，那麼群體感的產生，是有著讓人覺得「退化」之感嗎？因此是否裡頭含有自戀的成分，才得以有群體感的產生？不然何以常有人說，覺得在群體裡，人的智商會降低，是玩笑？但這玩笑裡隱含著有趣的內容，另外，人是如何相信「自己有明天」這件事呢？何以有些人像是過著沒有明天的日子，好像他早就死去了，現在不是活著，而是每天不斷的死，需要多少死的感覺，才是心理上真的死呢？

比昂主張「自戀」和「社會戀」（socialism）是一輛馬車前後的兩匹馬，這是內在世界外顯出來，是一個人做出來的舉動，生的本能投資在自戀時，死亡本能會相對投資在社會戀，相對的，生的本能投資在社會戀時，死亡本能會分配更多在自戀。（和Ronsenfel以死亡本能的單一角度，來看「破壞的自戀」有所不同。）這個課題涉及精神分析理論和技術，只以個體的做自己，來看診療室裡的兩人，或內心裡如同群體因子的影響？

這兩個語詞所指的內涵，在精神分析裡都是很

原始的心理狀態，例如，器質性疾病對原欲分配的影響，「一個人受到器質性疼痛與不適的折磨時，會放棄對外在世界事物的興趣，只要這些事物和自己的苦痛無關。……我們應該說：生病者將他的原欲灌注撤回到自己的自我，然後當他恢復時再度將它往外發送。……睡眠的情況也是如此——像生病一樣原欲經由自戀的退縮回到個體的自體（self），或更精確地說，回到睡眠這個單一願望。」（同上，頁82）不是指一般拿來罵人的自戀，或者好像為了做自己，而替別人或群體著想，就是對於做自己的妨礙。不過除了溫尼科特強調的，客體關係以及外在環境，如何成為具有促進成長的功能？都是強調個體之外的，另有其它的需要一起考量。

如果只以個人主義做為主要的思考基礎，偏偏人都是客體養大的，是在看著別人眼光裡的自己而長大的，雖然佛洛伊德這樣看父母，「當我們看到父母對他們孩子那滿懷愛意的態度時，我們必須將其再認為是他們本身早已捨棄之自戀的復活……在自戀系統中最棘手的一點，亦即自我的永生，是受到現實無情地壓迫著，自我的安全只有通過庇護孩子來達成。」（同上，頁90-91）但就算「超我」依佛洛伊德的說法，也是文化的保存者，例如我們會遭遇的現象，一個人接受心理治療或精神分析後，個人有所成長或蛻

變，這種成果是個人努力的成果？或是個案和治療師共同的成就？雖然不是治療師要跟個案搶功勞，而是需要還原現場的風景，讓我們看清楚診療室裡發生了什麼事？

這種情形也會出現在，心理治療師或精神分析師的養成經驗裡，在完成必要的訓練過程後，變成可以完全做主了，接下來的反應是，都是自己的努力所帶來的成就？或是一群人共同的成就呢？所謂一群人的共同成就，在這裡所說的，並不是變成一種要求學生一定要永遠感恩之類的教條，而是我們在進行實作這個專業時，我們和其他人的合作情況，以及和受訓機構之間的關係。原本以個體主義為主的說法，就是要脫離群體才是做自己嗎？或者有些人簡化地比喻，伊底帕斯情結是要象徵地殺死父親，才是做自己，這些比喻是有道理？或是某種似是而非，簡化了個人和客體或群體的關係？

佛洛伊德的確是強調自戀特質的影響，在《論自戀》的第三部分裡，佛洛伊德花了不少頁數評論阿德勒的論點（在佛洛伊德的文章裡，以英文標準版全集的十一頁，專案評論某個人是少見的。），阿德勒主張男性抗議（masculine protest）是形成精神官能症與性格的動機力量，佛洛伊德認為阿德勒是把重點放在社會價值，而非自戀的原欲上，因此佛洛伊德反駁

阿德勒，認為將男性抗議（某種閹割情結）當成精神官能症的成因，是過於狹隘的論點，何況依據佛洛伊德的觀察，許多具有閹割情結的男性並未造成精神官能症。

佛洛伊德主張，真正快樂的愛是在自我力比多（ego-libido）與客體力比多（object-libido）處於無法區分的原初狀態，「自我的發展有賴於脫離原始自戀，並且引發一個恢復那個狀態的旺盛企圖。脫離的過程是將原欲移置到外界強加的自我理想（ego-ideal）來達成；實踐這個理想就能帶來滿足。……同時，自我散發出原欲的客體灌注，並因此灌注而變得貧瘠，如同它熱愛自我理想一般；而藉自我在客體得到的滿足感，自我再次充實自己，如同藉由實現理想所得到的滿足感。」（王明智中譯，出自Freud, S., On narcissism, 頁100，1914，英文標準版第14冊。）

只是個體和群體的互動性，而不是互斥性，佛洛伊德在《論自戀》裡主張，「自我理想」（ego-ideal）是打開我們了解群體心理學的重要管道，自我理想除了個體面外，也有社會面，它也是家庭、階級或國家的共同理想。自我理想不只包含著個體自戀的力比多，也蘊涵著大量的對客體的同性戀的力比多，而這些力比多順勢轉回到自我身上。

但是當以個體的做自己為前提時，就讓自己和群體處於對抗的位置，尤其是在創傷經驗下活過來的人，是更易沉浸在這種很深沉且深刻的二分對立的感受裡，而以自己是靠自己活過來的，這是事實卻是部分事實。但是長期未被其它客體或社會投注足夠的關切時，是更容易有這種傾向，這種情況在診療室裡更常見，個案覺得就算來治療，也是靠著自己走過來的，治療師被比喻成只是垃圾桶般的功能。這種情況下的個體主義，就會讓個人和客體群體，仍是處於某種潛在敵對狀態，也許有人會說，這表示治療或分析還不夠「徹底」的緣故。

　　不過，我想指出的是，這是如同比昂所指出的，自戀和社會戀，一直相互存在和相互牽動，所謂徹底，是指是否從生命開始到人生結束，這個課題都被放在心中想像？雖然對於早年創傷者來說，這會是一個難題，畢竟要完全從當年的創傷走出來，是相當困難的過程，甚至是不可能的任務，但要如何不以零和的角度看待人的掙扎和苦痛，以及個體和群體的關係，我主張這是談論自戀時的重要主角，因為這是兩個主角的戲碼。

第九堂

・Freud, S.(1937) Analysis Terminable and Interminable. SE.23, part 8, p.250-253.

・Freud S. (1914) On narcissism, SE.14, P.67-104.

第十堂

對著戀人說愛你，是戀物嗎，那麼，懷念鄉愁呢？

以戀物為例來說明，自我（ego）如何運用否認的機制，如何在兩種原則與dynamic, topographic, economic裡，尋找出路？其實這個命題相當濃縮，有著豐富的精神分析概念需要呈現，來回答這個命題。「因此，受潛抑的意象或意念得以進入意識的條件就是否定。否定使我們認知到甚麼被潛抑；潛抑已然解除，但不意味著接受潛抑之物。在此，我們可以看出智性功能（intellectual function）如何遠離情感過程（affective process），透過否定的幫助，潛抑的過程只有一個結果得以解除，事實就是，潛抑之物的意念內容無法觸及意識。這種結果是對潛抑的智性接受，與此同時，潛抑的本質依然持續。」（王明智中譯，出自Freud, S., Negation, 頁236，1925，英文標準版第19冊。）簡略的說法是，被潛抑之物若是受苦的內容，它得以浮現到意識，是需要我們否認它有著讓我們受苦的那些成分。

當我們說「戀物」時，那個「物」是指什麼，何以不能戀物呢？或當被當做有戀物症時，是指超過

了某種範圍，而被這麼命名最直接的說法是，既然有「戀」的意思，在裡頭意味著有著情和愛？那麼是指有某種特定標準的，戀情和戀愛的方式和對象嗎？一般情況下有些被當做是正常，也許從一般的「戀物」到「戀物症」之間，是有廣泛的可能性。

選擇什麼物件的隨機性、偶然性，或有特定的必然傾向嗎？以物為對象，如果說是具有取代「性」或「攻擊」的滿足時，意思是那些物或概念只是被派出場的角色，我們跟它對話是可能的嗎？或者我們不可能在這種對話裡，進行實質有意義的對話，只因為不斷的防衛是必然的，這些內在動機是如何深遠，像離開多年的家鄉，就算記得一些東西，卻是久遠的事了，那麼「鄉愁」本身是不是一種戀物呢？但是如果說鄉愁的感懷裡，有著性和攻擊，這是在說什麼呢？是可以被了解的想法嗎？或者是件永遠不可能的事，只因這個命題是永遠無法抵達的極機密文件，讓我們只好愛戀著裝那文件的保險箱，或者那隻宣稱是打開鄉愁的鎖匙的東西？

佛洛伊德指出，戀物的現象，自我所運用的心理防衛機制是「否認」（disavowal），但是否認什麼呢？「一個否定的判斷是潛抑的智性替代物；它的『不』正是潛抑的標誌，像一個起源的證明，就像我們說『德國製造』。在否定象徵的幫助下，思考

superego押著id，但id不是省油的燈：從佛洛伊德說的談他沒有說的

（thinking）從潛抑的桎梏中掙脫，豐富其正常運作不可或缺的素材」（同上，頁236）他們並未否認所有的自己或他人，因此勢必是有些部分被分裂出來，變成視而不見。或者這種視而不見是某種「分裂」現象，佛洛伊德晚年在「在防衛過程裡自我的分裂機制」（Splitting of the Ego in the Process of Defence）（1938），有進一步的描繪，像是某種分裂後再把它踢出去，變成不是自己身上的東西。

　　另他在〈論戀物〉這篇文章中強調，「當我宣稱戀物癖是陰莖的替代物時，肯定會讓大家失望；因此得趕緊補充一點，它不是任何陰莖的替代物，而是一個特殊的，獨樹一幟的陰莖，對童年早期非常重要但後來失去的。也就是說，它通常應該被放棄，但是戀物癖被精心設計來防止它消失。更明確地說：戀物癖是小男孩相信的，女人（母親）陰莖的替代物——並且——由於我們熟悉的原因——不想被放棄。」（王明智中譯，出自Freud, S., Fetishism, 頁152，1927，英文標準版第21冊。）此處所指陰莖（penis），不是任何偶然的陰莖，是一根特定而且特殊意義和情感的陰莖，在幼兒早年這陰莖曾十分重要（想像上的建構或是無中生有的心理防衛），後來卻失去或者失聯了（也許這根陰莖失聯後就四處流浪他方）一般的情況下，這根陰莖的失去就被接受了。

從佛洛伊德的說法來看，至今雖然冒著被冠上男性沙文主義的評論，不過，這是意識型態的爭議，如果預設的觀察平台是，回到嬰幼兒的性心理學，也就是嬰幼兒在當年情境下，嬰孩式的期待（infantile wishes）所想像建構出來的性心理學，從佛洛伊德的角度，對嬰幼兒來說，面對母親已經失去了爸爸有的那根陰莖，而展現了積極充沛精力的行動，來維持著已經失落的感受和想法。這需要心理防衛上，驅動「潛抑」來處理情感，以及「否認」陰莖不見了的事實。

　　對佛洛伊德來說，嬰幼兒仍持續主張，媽媽擁有陰莖，只是不是原本像爸爸身上的那根，而是由其它物件來替代了，這是見證失去物件後的心理防衛，使得對這替代物的眷戀，成為戰勝閹割威脅的重要證物。後來可能發展成，防止被閹割的心理武器，因為他人無法得知戀物的物件的真正意義，使得物件就不會被他人奪取。

　　佛洛伊德是強調，就算有這些心理防衛機制的動員，仍可能會有某些殘念，或難以抹除的印痕，以很私密的方式繼續存在，彷彿一座祕密的紀念碑。「毋寧說戀物被設立在一些過程開始之後，這些過程提醒某人在創傷性失憶中記憶停止的情況。主體的興趣可說是半路戛然而止；最後的驚悚與創傷的印象作為戀

　superego押著id，但id不是省油的燈：從佛洛伊德說的談他沒有說的

物被保留下來。」（同上，頁155）那些殘念對佛洛伊德來說，會形成後來的閹割焦慮的源頭，擔心仍保有的陰莖會被閹割。這概念也會被衍生至陰莖外，其它具有心理重要意義的擁有物的保護。雖然我是重複提醒，這些焦慮的源頭，是失去，而且是已經失去的創傷，因而潛在的抑鬱可能才更是重要的課題，雖然佛洛伊德強調的是焦慮。

不過，我主張，失落的苦是不可能完全被人們接受，使得戀物成爲某種人性的必然，只是再加上其它的心理機制共同作用，讓戀物的展現風格呈現多樣性。畢竟戀物症的目的，就是爲了防止它被完全銷毀，而想像建構出來的代表物，當我們說它是代表物，意味著它是另有主人。它的主人是誰呢？是失去的客體，以失去的型式活著。

更明白說，戀物是女人（母親）曾有的陰莖的替代物，是生命早年曾經相信它的存在，而且後來仍堅持不願意放棄之物。偏偏的確是無法直接看見它，就出現了替代者，而且是可以隨時被看見的戀物，這種失去客體後的心理經驗，在生命過程是常見的，例如斷奶經驗，或者親人過世，或人在心不在等經驗。

當我們看見他人的戀物時，我們看見了什麼？以及我們未看見什麼？佛洛伊德未看見「朵拉」的「移情」，這種未看見是種negation嗎？讓我們無中生有

（是葛林所說的正向幻聽positive halluciation），說「否認」裡有著什麼在裡頭，也讓我們視而不見（葛林所說的負向幻聽negative halluciation），那麼戀物時的物是種幻覺嗎？兩種幻覺的混搭，既看見了什麼，也忽略了什麼，所謂什麼是指什麼呢，性或攻擊？

在negation裡，夢中女人不是我媽媽，佛洛伊德詮釋這種說法不是一種確定的意思，而是意味著有媽媽在夢中，卻不認為是自己的媽媽，所謂negation是指，以這種「不是我媽媽」的方式，來洩露有著媽媽在。我沿著這種說法再往前推論，不是我媽媽，除了是阻抗之外，或者也可能同時另有著「他沒有媽媽」的意思。這是「無」的失落，不只是無法夢中相認的媽媽，而是自己就沒有媽媽，夢中的女人是媽媽，但不是自己的媽媽。如果依著佛洛伊德的說法，那女人不是我媽媽，意味著他是期待那是自己的媽媽，而且清楚明白的是他媽媽，但何以連夢中都會如此迂迴呢？

因此可以說成，我一直等待著媽媽，但竟然夢裡出現了的人，卻不是自己的媽媽，他是失望和失落的，對夢是充滿無力感、無助感和無望感。也就是當他說，夢中的女人不是我媽媽時，有多少的失望和失落呢？就算是防衛，何以需要防衛得讓媽媽不見了

superego押著id，但id不是省油的燈：從佛洛伊德說的談他沒有說的

呢？這有多少無奈？

　　無力感、無助感和無望感，三個「無」加起會有多少「無中生有」的力量呢？最後走向「無心」心理學，這個「心」是指注意力所投射的所在（如比昂在Attention and Interpretation裡所提的注意力？）。三個「無」的代理者是什麼？無和無之間，如何交戰或交織，無心於某件重要的事時，是指什麼意思？換另一種說法是，注意力未放在那件事上，無心裡隱含著什麼呢？試著以無力感、無助感和無望感，來描述「無心」所帶來現象裡的某些想法。

　　是否這就是失落和抑鬱的過程？也是這三個「無」，從無中生有的過程，或者原本的「有」卻失去了而變成無？不論何者為先，最後當「無」呈現後，就變成無中生有的主題了，我們認識這三個「無」嗎？透過什麼方式認識它們？或者它們有代理者，來代表它們表達出心聲嗎？

　　在失落的空洞裡，由於negation的否認而被潛伏著，「否定的觀點非常符合這樣的事實，即在分析中我們從未在潛意識發現『不』，自我對潛意識這部分的認出乃是透過否定的公式加以表達，沒有更強有力的證據證明我們努力揭露潛意識所取得的成功，也就是當病人出現這樣的反應：『我沒那樣想』或『我根本沒想那樣』。」（王明智中譯，出自Freud, S.,

Negation, 頁239，1925，英文標準版第19冊。）但是當生的本能在青春期後，由於有生理相關裝備的支援，例如荷爾蒙和肌肉，讓生的本能有了助力，以青少年後的性活動方式，來展現生的本能，這是一項內在機能的展示，也是嬰孩式的性（infantile sexuality）的某種示威。但是示威後，仍面對著早就存在的空洞，需要不斷地尋求刺激，內在是生的本能不斷地活躍著，只是它的出路卻有限，加上生理性的刺激，變成某種強烈回饋而陷在循環裡。

這些心理機制的運作，佛洛伊德認為如果要從精神分析的角度來說，是有三個向度要同時被關注，這三個向度是，地層論的（topographic）、動力論的（dynamic）和經濟論的（economic）。由於篇幅限制，在這裡只略介紹地層論和動力論，地層論是指心智有意識、前意識和潛意識；而動力論是指，有多項因子影響著心智，而它們之間維持著相互影響或相互消長的關係，或以現在常說的語詞是，滾動式的相互調整。

我多談一些關於經濟論，佛洛伊德在《自虐的經濟論問題》（The economic problem of masochism, 1924）裡，深入談論深度心理學的經濟論。何以受苦會成為某種潛在愉悅呢？在《性學三論》裡，佛洛伊德曾說，任何內在機制，只要其張力

超過一定的「量」，將會伴隨性興奮，這是因爲量到某種程度後，而帶來「質」的變化，可以用這來解釋何以苦痛／不愉悅，有時會帶某些性興奮。

至於自虐是怎麼來的，佛洛伊德認爲「死亡本能藉由力比多（libido）的馴化力量，導向生物體外而形成破壞的本能、宰制的本能、與權力的意志。這本能的其中一部分爲性功能服務，成爲施虐本身（sadism proper）。……而留在生物體內的死亡本能被力比多綁住，就形成情慾式自虐本身（erotogenic masochism proper）」（呂思姍中譯，出自Freud, S., The economic problem of masochism, 頁163-164，1924，英文標準版第19冊。）

就經濟論來說，例如，你會想像當一顆水在下滑的過程，遇到高起來的地方會出力的想往上爬，或者是順勢隨著旁邊的小道下滑嗎？如果有這樣的滴水是值得好好研究它，首先要先了解，經過精神分析取向者百年來的努力，我們更加確定在意識之外，有某種意識之外的存在，潛意識或無意識，佛洛伊德主張這個領域裡的運作原則，是經濟原則，他更進一步說是享樂原則。

佛洛伊德將自虐區分爲三種，情欲式的（erotogenic）、道德式的（moral）、女性式的

（feminine）。情欲式的自虐是，「情慾式自虐在不同發展階段會顯示出不同的外貌。例如：在口慾期，害怕被圖騰動物（父親）吃掉；在肛門期，有被父親打的願望；在性蕾期，被閹割的恐懼；在最終的生殖器階段，則是性交與生小孩，這是女性的特徵。……口慾期所偏好的身體部位是乳房、肛門期是臀部、性蕾期是陰莖。」（同上，頁165）

女性式的自虐是，「但是，如果一個人有機會去研究，那些特別詳細闡述了受虐狂幻想的案例，他很快就會發現，這些案例將受虐者置於一個典型的女性情境中；它們意味著，被閹割，或性交，或生孩子。出於這個原因，我把這種受虐狂稱爲女性形式（根據其極端的例子），儘管它的許多特徵都指向嬰兒時期的生活。這種嬰兒和女性的重疊分層，以後會找到一個簡單的解釋。被閹割——或者失明——通常會在幻想中留下負面（negative）的痕跡，前提是讓生殖器或眼睛不會受到傷害。」（同上，頁162。）

道德式的自虐是，「乍看下，道德式自虐（moral masochism）和其他兩者不同，並未關連於所愛之人或性慾。『受苦』本身才是重要的，至於來自何人似乎並不要緊。一個眞正的被虐者會把臉頰轉向任何一個巴掌。」（同上，頁165。）

這裡所說的「經濟」，並非現行涉及金錢生產

superego押著id，但id不是省油的燈：從佛洛伊德說的談他沒有說的

的經濟，而是指在潛意識裡的運作原則。這和一般在意識層次的運作原則是不同，意識層次以現實原則做為依據，依著外在現實做判斷做衡量計算，來決定做不做，或說不說什麼。在嬰孩的發展過程，會涉及注意力和記憶的課題，「一個特殊的功能會被建立起來，定期地搜尋外在世界，為了如果有內在需求緊急上升的時候，已經可以透過這些搜尋的資料來對外界熟悉。……注意力的活動有一半是在滿足感官印象，而不是等待它們的出現。同時，可能還引入了一種符號系統，任務是製定這種週期性意識活動的結果——記憶的一部分。」（彭奇章中譯，出自Freud, S., Formulations on the two principles of mental functioning, 頁220，1911，英文標準版第12冊。）

經過現實上判斷，如果覺得這麼做是不佳的，就不會去做，只是臨床上常見的是，個案會說我明明知道不該這麼做，但還是做了，你說該怎麼辦？通常這不會只有一次，常見個案的抱怨，明明做了某事在現實上會帶來利益的受損，卻仍是不斷地重複。

這種重複意味著，可能在意識的現實原則之外，另有其它原則左右著人的行動和感受，佛洛伊德嘗試指出來那是享樂原則，只是這詞容易讓人誤解，好像做某些後來會後悔或受苦的事情，怎麼會是享樂原則呢？畢竟當事者不覺得是有快樂，這的確常帶來學習

者的誤解，以爲享樂原則是當事者做了什麼後會帶來快樂。

　　要了解這種說法，需要回到起初佛洛伊德引用的經濟原則，以物理學的現象來說明會比較容易被了解，例如，何以水往低處流，那是最不耗費能量的活動方式，不然我們能夠想像，一滴水會自動地往上爬？碰到有阻礙時，會採取最省力，最方便，也就是最經濟的方式，來完成它往下流動的過程。佛洛伊德引用這種原則，來說明潛意識層次裡的運作原則。直接的說法是，它的選擇原則是採用最經濟省力且方便的，能避開最苦痛的方式，而不是依據現實原則來選擇什麼才是最佳利益。

　　佛洛伊德針對心智運作的兩種原則有深入描繪。「我們可以很容易辨識出這些原初過程所遵從的管控原則，它被稱爲快樂與否（Lust-Unlust）原則，或者更簡短地說，享樂原則。這些過程努力獲得樂趣，精神運作會從任何可能引起不愉快的事件中撤回。」（同上，頁219。）

　　這兩種原則之一是享樂原則，它原本被說成是「不愉快—愉快原則」（unpleasure-pleasure principle），後來簡化成pleasure principle，而我們譯爲「享樂原則」，就是前述的水往低處流的物理學概念，被佛洛伊德引來描繪，潛意識心裡的運作原

superego押著id，但id不是省油的燈：從佛洛伊德說的談他沒有說的

則。另一個原則是大家熟悉的現實原則，也就是依著現實的利弊得失所做的分析原則，只是依佛洛伊德的觀察，真正決定行為的因子，更多是由享樂原則所決定。

因此可以簡化地說，決定的原則是選擇能夠避開最苦痛的創傷，選擇了相較不受苦的周邊事件或者偶發事件，做為記憶和注意力的焦點。「預期的滿足沒有發生，失望的經驗，導致我們放棄借助於幻覺來達成滿意的嘗試。取而代之的是，精神裝置必須去形成對外部世界的真實概念，並努力對它們進行真正的改變。」（同上，頁219）這樣子巧妙地讓自己避開最受苦的事件，至於何以會選擇某些事件做為記憶，仍是一個有趣的課題，可能是主要事件的周邊事件，或者可能是當時偶發的事或感覺，甚至也可能受後來經驗的影響，而不斷地改變著注意的焦點，使得他的受苦事件可能隨著時間有不同的焦點。

這些都是不自覺的演變過程，而它所依據的，就是潛意識享樂原則的運作，這也使得從意識層次的現實原則來看的話，會覺得不可思議或難以理解，個案怎麼會做那些選擇？「當冒出一些想法令人不愉悅而無法宣洩時，潛抑即會運作。此運作是透過一個無偏頗的判斷來實踐的，它必須決定此想法是否符合現實——此決定是透過與現實有關的記憶痕跡相比對而形成

的。」（同上，頁221）這是因爲不可思議或難以理解，都是從現實原則做爲理解的方式所衍生出來的感受。

然而，當佛洛伊德表示，成人面對「王位與聖壇」陷入危險之時，所展現的張惶失措，和幼兒面對自己失去陰莖時的恐慌是一樣的。他這麼比喻就讓我們能夠開展，象徵比喻的探索在生活過程裡，那些現象有著雷同的心理反應？雖然乍見是有所不同的現象，這需要再想像，如果戀物是種防衛，它是要防衛什麼呢？

如果「物」也包括「理論」呢，甚至包括精神分析的理論呢？我們和理論維持著什麼樣的關係，才是正常或者才不會被歸類爲戀物呢？佛洛伊德談論「陽具欽羨」或「閹割情結」，是對於陽具的戀物嗎？是種如漢娜西格（Hanna Segal）所說的，將象徵等同於實質，而變成「象徵等同」（symbolic equation）嗎？閹割情結是矛盾所帶來的焦慮，或是失落分離的抑鬱呢？當處在一直焦慮時，這種情感佔滿了他的人生，何以有這種被焦慮佔滿的心理需要呢？

陽具、大便、金錢或禮物，是可以交換的嗎？象徵意義的挪移，而對「客體的選擇」有什麼內在依循的邏輯嗎？這種聯結是將失去和分離的客體再度集結

superego押著id，但id不是省油的燈：從佛洛伊德說的談他沒有說的

起來，好像不曾消失過，甚至還得到更多呢？因此我們要談論「戀物」時，是需要從「閹割情結」說起，那是對於失去重要客體的想像和建構，甚至是一種偉大的發明，如同夢裡的「取代」是藉由什麼心理機制，讓這些物件和概念之間，可以取得來自同門的經驗呢？

由這來想像，戀物的物，就具有更多的可能性了。包括概念和具體的物件，也就是取得了什麼，而有「爽」的感覺，就可以這麼說嗎？「戀物」這語詞也被文化評論者，以「物化」，例如物化女性，物化某些精神層面，然後常是在物化的背後，再加上資本主義的「商品化」的負評，使得「物化」和「商品化」兩者被隱隱地結合起來，形成一組可以套用做爲文化評論的論點。例如，對於偶像、勞動、商品、文化物件、或某些主義殖民的想像等。

不過這些評論大都是以「戀物」是負面的角度出發，覺得那是需要改變的，而不是從negative裡，也有的「陰性面」或「月亮面」的角度來探索。畢竟，如果只是套用的話，我們是可以發現，生活裡的大大小小的事，都會有這種心理的工作，就會讓這組概念開始變成，另一種物化和商品化自己的方式。

關於享樂原則和現實原則，對於「教育」的看法，佛洛伊德這樣說，「教育可以說是用來征服享樂

原則的一種刺激，並將其用現實原則來取代。試圖為影響自我的發展歷程提供助力。為此，教育利用愛的提供來作為從教育者之處取得的獎勵。因此，如果一個被寵壞的孩子認為在任何情況下他都具有這種愛，並且無論發生什麼事都不能失去它，教育就會失敗。」（同上，頁224）

至於對「藝術」，他則這麼說，「藝術以一種特殊的方式實現兩個原則之間的和解。藝術家本身是一個遠離現實的人，因為他無法與最初被要求的放棄本能滿足達成妥協，並且允許他情慾和野心的願望在幻想生活中充分表現。然而，他透過利用特殊天賦將他的幻想塑造成一種新型態的真理，從而被人們視為現實的珍貴反射，從這個幻想的世界中找到了回到現實的道路。」（同上，頁224）

最後，如果自戀是人之初，或人生風景裡的萬物之始，而在和外在現實的互動與磨擦過程裡，自我被推擠出來，充當讓那個自己可以繼續活下去的操作者或奴僕，自我是以什麼原則做為管理原則呢？以「戀物」為例，後來是戀自己嗎？有真的戀自己這件事嗎，或者都是戀物呢？

我以如下想法做結束，戀物不必然便是失落的「女性陽具」（female phallus）的替代物或象徵。佛洛伊德說，戀物的選取在於它「中止創傷經驗記

superego押著id，但id不是省油的燈：從佛洛伊德說的談他沒有說的

憶」的那一刻，也就是說，經驗在半途停了下來，
「在詭異的創傷經驗發生前一刻的印象」被保留成為
戀物的基礎。佛洛伊德以時間進行的暗喻來說明，就
如同幼兒從腳往上看母親的性器，這種由下往上看的
時間過程裡的某一刻，視覺暫留在腳或鞋子，或是在
母親脫衣前的最後一刻，視覺暫留在布條或內衣，那
是「女人仍舊可被視為還有能力狀態的最後一刻」。

第十堂

· Freud S.(1911) Formulations on the two principles of mental functioning, SE.12, p.213-226.
· Freud S. (1924) The economic problem of masochism, SE.19, p.155-172.
· Freud S. (1925) Negation, SE.19, P.235-240.
· Freud S. (1927) Fetishism, SE.21, p.147-158.

畏懼看不見事物的驚悚，或是驚悚地看見了什麼？

驚悚（uncanny）是什麼呢？佛洛伊德的說法是「毫無疑問地，驚悚是與令人恐懼的事物有關——引起恐懼和恐怖的事物；同樣可以肯定的是，這個詞並非是在一種清楚定義的狀態下被使用，它容易與激起恐懼的概念吻合。然而，我們會期望有一種特殊的核心感受存在，讓我們合理地使用這個特殊概念用語。……驚悚是令人恐懼之類的感受，它可以追溯到古老而久遠的熟悉事物。」（彭奇章中譯，出自 Freud, S., The "Uncanny"，頁219-220，1919，英文標準版第17冊。），他以一篇故事，談論「沙人」如何在半夜將沙放進人的眼睛裡，讓人變得目盲。

佛洛伊德甚至強調，「從精神分析的經驗中得知，害怕眼睛受傷或失去眼睛的恐懼，對兒童來說是很可怕的。許多成年人在這方面仍維持著這樣的不安，沒有任何其他的身體傷害會像眼睛受傷一樣如此令他們害怕。……針對夢、幻想和神話的研究告訴我們，一個人對於眼睛的焦慮，對失明的恐懼，常常是足以替代著被閹割的恐懼。」（同上，頁231）

一般人不喜歡自己被認爲是盲目的，我們總喜歡主張，自己的人生是在看清楚的情況下，一直走著自己的路。但這「沙人」的驚悚故事，它和比昂（Bion）主張的「莫名的恐懼」或「無可命名的恐懼」（nameless terror）是什麼關係呢？只是語詞上的差異，或者它們是指向相同的心理領域？喜歡重複害怕地聽大人說鬼故事的心理所在，只因爲有「鬼」還是有個命名，如果連名字都沒有的所在，會是如何驚悚呢？那是看不見的盲目，或看見黑暗的空洞呢？

　　至於佛洛伊德在《記憶、重複與修通》裡，談了不少至今仍有臨床技術參考價值的說法，在這裡我更著重他提到的，當年小時候的眞正記憶，不是在記得的故事裡，而是在於行動裡，那是不自覺的行動，本文將圍繞在這個話題。首先涉及什麼是屛障記憶（或屛幕記憶screen memory），「屛幕記憶再現了童年遺忘的歲月，可比擬爲顯夢再現了夢思（dream-thoughts）。……內在活動（如幻想、情緒衝動、思想連結等）和外在經驗、印象不同，當它未浮現在意識中時，我們不能稱之爲『遺忘』。」（呂思姍中譯，出自Freud, S., Remembering, repeating and working-through, 頁148-149，1914，英文標準版第12冊。）

　　我們來看伊底帕斯王的故事，他在獲知自己生

命真相後的行動？伊底帕斯王後來知道自己曾做的事後，他的行動卻是刺瞎自己眼睛，不再當國王而是流浪天涯。他這個行動呈現什麼重要的生命記憶嗎？是撞見了原初場景，而需要趕緊閉起雙眼嗎？這是預設著「有些個案並非憶起他所遺忘及潛抑的事物，反而演出它。他再生產的方式不是記憶，而是行動；他重複做，而卻完全不知道他正在重複之。……例如：個案並未說他記得曾違抗和批評父母的權威，但面對醫師時的行動卻洩漏出來。」（同上，頁150-151）

　　或者因為在看不見真正的情況下，就被神喻詛咒而需要成為無法再活下去的人，使得他的餘生注定是得無視於（或盲目於）命運，而走著自己的步伐嗎？他想要走到那裡嗎？或者只是一直走，來苛責自己，為什麼要這麼做呢？盲目可以讓他達成什麼目的？或者那是他認為的，療癒自己的某種方式嗎？有些了解是需要盲目的嗎？或者創傷太殘酷了，只能盲目才能走下去？

　　他在漂泊裡尋找什麼做為復原呢？要復原什麼？也就是working through是指讓什麼被穿過走過，而走出來的意思？只是走出陰霾，或是走出了什麼洞，做了什麼是指穿過什麼地帶而走了出來嗎？走出來的模樣是什麼，快樂或者不是不快樂？佛洛伊德是這麼說，「催眠中理想地憶起所遺忘的，可類比於阻抗被

　superego押著id，但id不是省油的燈：從佛洛伊德說的談他沒有說的

完全放在一邊。……治療初期，當個案有正向移情，記憶可以被發掘，這類似於被催眠；但隨著治療進行，移情變得敵意或緊張，潛抑的需求使得行動化取代了記憶。……爾後，阻抗決定了會被重複之材料的先後次序。」（同上，頁151）

目前臨床所見的是，「盲目的重複」，是因為大家都或多或少發現了一些真相嗎？回不去了的真相，卻仍一心一意要讓自己回去的心理，有存在的空間，因此行動上製造出這種可能性，但其實也有些心知肚明而矛盾嗎？雖然隨著時間，一直往未來走，這是往前走或者一直在往後走呢？這是看不見的盲目，和看見黑暗的空洞，是回頭時需要以看不見做為畏懼的起點，而把起點之前的路徑給堵住嗎？是看見什麼而畏懼，或是看不見什麼而畏懼？

從嘴巴和乳房關係的失落經驗，到原初場景和伊底帕斯情結，這些都是涉及失落的經驗，不同層次的失落經驗，帶來什麼不同的結果嗎？畢竟這是無名的恐懼、無法命名的恐懼、無可命名的恐懼，或者一層一層疊上來，我們在後來能夠真的區隔出來嗎？或者區隔出來是要做什麼呢，有必要嗎？這是人生的主要場景，但是否另有其它場景，是我們不知的，以默默失去聲音的方式影響著人生？這些失聲和失語的層次感，如何反映在個案來尋找幫忙時的景象裡呢？

就技術層面來說，「發現resistance：利用詮釋使病人意識到阻抗的存在……這些技術的目的是：填補記憶的空缺或克服源於潛抑的阻抗……」（呂思姍中譯，出自Freud, S., Remembering, repeating and working-through, 頁147-148，1914，英文標準版第12冊。）

精神分析的漂泊美學，和人尋求的歸屬感（鄉愁）之間，會擦撞出什麼火花？佛洛伊德《論驚悚》裡，開頭談論在精神分析裡美學少被提到，而他主張情緒的品質，也是美學的一種。當伊底帕斯王後來知道，自己是被送走而離家的人後，心理上會發生多少故事？如何解釋為什麼是他會發生這樣的生命故事呢？只有神喻的命運可以解釋？但是人性，在面對這種命運時，會如何回頭看待自己的人生呢？

臨床常見某些人小時候被送養，後來獲知自己是被送養的小孩，他們知道這件事後的人生，歸屬感和漂泊，有些人甚至結婚了仍難以定居下來的感覺，可能和先生或太太及小孩都難以好好相處，再度成為自己建構的家庭裡的被拋棄者，回頭的恨意和疑問，為什麼是自己（被送養、被拋棄）呢？如何藉由不斷的詢問，而不斷的讓失落更失落（這是什麼意思呢？），讓空虛不斷膨脹而使空洞感愈來愈大，結果漂泊在無垠的空洞感裡，這種結果只因當時曾發生被

superego押著id，但id不是省油的燈：從佛洛伊德說的談他沒有說的

送養這件事？

　　關於重複的失落，「個案重複了什麼？個案所重複的已成爲他的外顯人格——他的抑制、無用的態度和病態個性特質，以及症狀。……個案在開始分析後並不會停止疾病（illness），我們必須治療他的疾病，不是做爲一個過去的事件，而是做爲當前的力量。」（同上，頁151。）

　　伊底帕斯王是被棄養，他就是以未來國王的身分回來出生的地方，象徵上一般人也是以「王」的身分回到自己的故事裡，但在行動上化爲移情，帶來的卻是阻抗和重複，並把注意力放在某位人物上打轉著恨意，無止盡的恨意。例如，對治療師的移情，何以創傷失落後，心理是固著（fixation）在某種重複的感受和謎題裡，但行動上卻可能四處漂泊呢？是什麼固著？什麼在漂泊？「漂泊感」和「歸屬感」，是無法共融的？或者兩者是同一件事，有漂泊感才需要尋求歸屬感？沒有單純一方的漂泊感，也沒有單純一方的歸屬感，有的是兩者的交織。

　　人是在失落後的恐懼裡往前行，失落是指看不見重要客體了，佛洛伊德以「Fort-Da」遊戲，說出了文明對於孫子的母親不在時的影響，佛洛伊德照顧孫子時，看見孫子的失落和不安恐懼，是看不見母親了而盲目嗎？或者需要玩著線圈，重複讓它滑進窗簾後，

再拉出來，以這個看見和看不見的遊戲，證實自己有看得見的能力，卻仍無法看到母親而恐慌，因此失落是指看不見母親客體，而在心理上留下的空洞裡，什麼都沒有看見，這是有看但看不見什麼的空洞，看不見是盲目嗎？或者看不見是更有多重心理意涵呢？

remembering是要記得什麼？從個案對於治療師的即將請假，所帶來的恐懼不安看不見治療師，卻浮現了不滿生氣，然後提早一周也請假。讓看不見治療師的「看不見」是自己的決定，一如玩著線圈的小孩，對於失落的修通（working thorugh），是要工作什麼呢？尤其是當線圈遊戲玩出了某種歸屬感後，是駐足停留或者再漂泊呢？驚悚激發生了什麼都看不見的美學？情緒的品質做為一種美學（或者如玩線圈的小男孩的文明），驚悚意味著還不是麻木，不是無所知覺，畢竟如鬼故事所帶來的不安，卻是小孩喜歡重複聽，以害怕的心情來重複要求，一聽再聽，理論上這種重複裡，是有著一次再一次經驗著，有些什麼再活了起來？

或者如佛洛伊德說的，「正如Rank所說，分身原本是對抗自我毀壞的預防措施，是對死亡力量的有力否定；不朽的靈魂可能是身體的第一個分身。⋯⋯分身作為防止滅絕的這一發現，在夢的語言中有其對應物，夢喜歡藉由生殖器符號的分身或衍生來代表閹割。

superego押著id，但id不是省油的燈：從佛洛伊德說的談他沒有說的

同樣的慾求促使古埃及人發展出使用持久性材料來製作死者形象的藝術。然而，這些概念源於無限的自戀（selflove）土壤，來自於主導兒童和原始人心靈的原初自戀。但是當這個階段被突破時，分身就會逆轉它的面向，從不朽的保證，變成死亡的神祕預兆。」（彭奇章中譯，出自Freud, S., The "Uncanny"，頁235，1919，英文標準版第17冊。）

　　雖然臨床上對於個案重複陳述相同故事，常是讓人充滿著無力和破壞感，何以這種重複不是「修通」呢？一定不是嗎？就當事者來說，也許那是他以自己之力，做能做的最大能耐的修通，因此重複除了具有破壞外，也可能有著修通的訊息滲在其中，需要我們去讀出這些訊息？「治療是要讓個案一點一滴經驗到疾病（illness）的真實與當前，之後再回溯到過去。……如果催眠下的『回憶』像是實驗室裡的實驗，那麼精神分析新技術下的『重複』就是發生在真實的生活，不可能無害。因此，『治療中的惡化』是難以避免的。……這種情形包括症狀的加重、本能衝動的『重複』、治療室外日常生活的傷害等。……為避免個案的傷害，在治療中，要個案承諾不做任何重要的決定。」（呂思姍中譯，出白Freud, S., Remembering, repeating and working-through, 頁152-153，1914，英文標準版第12冊。）

或者在創傷經驗裡，仍有比昂所說的「沒有名字的恐怖」或「無可命名的恐怖」（nameless terror），但是它一直浮現出來，造成個案常有的莫名恐慌，因而不斷地在尋找著自己的名字，臨床上可見的是，任何新找到的名字，說那是什麼什麼，都只像是浮貼的標籤，一下子就掉落了，再恢復沒有名字的恐怖裡，這種恐怖感是很重要的心理感受。佛洛伊德是這麼說，「萬物皆有靈、魔法和巫術、全能思想、人對死亡的態度、非自願性重複和閹割情結，實際上就是構成將令人恐懼的事物轉變成驚悚的所有因素。」（彭奇章中譯，出自Freud, S., The "Uncanny"，頁243，1919，英文標準版第17冊。）

　　一如佛洛伊德在《論驚悚》的「沙人」故事裡，挖小孩眼睛的故事，讓人覺得不安和恐懼，如果精神分析者只滿意於目前已知的命名，甚至以為這些就是人性或心智的全部，可就會讓精神分析走向窮途的態度了，不過，還好大部分精神分析取向者不是如此，仍一心一意重複觀察著，好奇個案在診療室裡的情況。「當驚悚是來自於嬰孩情結（infantile complexes）時，就不會有面臨物質現實（material reality）的問題，它的發生之處是在心理現實（psychical reality）。……我們的結論可以這麼

superego押著id，但id不是省油的燈：從佛洛伊德說的談他沒有說的

說：當被潛抑的嬰孩情結藉由某種印象再次復興時，或者當已經被超越的原始信仰再次成為堅信時，一種驚悚的經驗就會產生。……當我們認為原始信仰是與嬰孩情結最密切關連的，事實上原始信仰是建基於嬰孩情結，我們就不會訝異兩者之間的區別通常是模糊的。」（同上，頁249）

一如當年，坐在戶外看著星空的人，人類內心世界和內在客體世界，是一如星空有滿天的星星，精神分析的專業裡，除了某些藝術的成分，也要有科學的態度，一如天文學家和星相家的差別，是天文學家不斷的在尋找，是否還有不認識的星球，等待著被認識，被命名，雖然只是成千上萬裡的另一顆新名字，仍是有它的重要意義。而星相家是依著已有的星座之名，套用著某些常見的觀察，如同想要診斷人似的，加上星座名稱，並宣稱有某些特定的個性和特質，對於無法解釋的或不合的，也許是不重要的枝節？

如果我們一心一意，只想要看見某個情結，而其它內容都被當做是「蕪」，只想要「去蕪存菁」歸納出某些特色，然後就想以這些特色，來解釋所有的做為，這就像我們只是很快地依著理論，結論說某些個案的問題就是伊底帕斯期情結、是自戀或是憂鬱，然後就假設這是最終的了解，接下來就等待，在了解後會有改善，但這是忽略了心智動力的複雜性了。因

為臨床上更像佛洛伊德說的，「唯有當阻抗最強時，分析師才能發現餵養阻抗的潛抑本能衝動。經由此經驗，也才能使病人信服有此衝動的存在和力量。……治療師必須這樣等待場景的出現，無法避免它，也無法加速它。……阻抗的修通是艱辛的工作，得以區分精神分析與其他治療方式（如建議）的差別，也會使病人獲得最大的改變效果。」（呂思姍中譯，出自 Freud, S., Remembering, repeating and working-through, 頁155，1914，英文標準版第12冊。）

也就是更需要在有名稱的情結之外，再重複觀察找出是否還有未命名的星星，沒有名字的恐怖，一直在找尋自己的名字，卻是永無止盡的過程。這是我主張的「分析的態度」的概念基礎，雖然分析的態度並非是一種靜態的態度，而是動態發展變動中，而且幾乎難以說自己已經達到的某種境界。

如果我們要把分析的態度，在佛洛伊德開始所宣稱的「節制」態度外，還要有如鏡子般的反應，或者如比昂（Bion）所描繪的無欲無憶（no desire, no memory），是否這是更令人驚悚的境界呢？都是對於空無的不同層次的反應和不同境界，那麼這些境界的分析態度，就表示不是光有前述的概念基礎，就說是做到了，當我們說「境界」時，也許意味著它是無止盡的，如何抱持著無止盡的心情，仍然能夠守住精

神分析者在診療室裡的態度，是需要現有語詞概念外的命名，來充實我們對於這種情況有更多想法。

　　另若以精神官能症為例，可以從佛洛伊德在《記憶、重複和修通》裡，談論在孩童期，對於性的研究的無助感和無望感，可以從這兩種感受裡，想像憂鬱是如何無視於他人可以幫得上忙，或漠視未來的希望而出發的旅程。人如何在這種情境裡出發，建構一些防衛，如城堡的旅程，是在城堡裡旅行，或者是一直在外流浪呢？

　　人如何在這種無助和無望裡安身立命呢？安身立命的課題是精神分析需要的嗎？或者它是過於龐大的命題，是精神分析無法也不必負荷的主題？就治療過程來說，相對於生命哲學般的論述，在診療室裡的工作需要移情做為容器，雖然現在已少用「移情官能症」了，而都以「移情」來表達這些經驗，「『移情』是一個主要的工具。治療師將重複的衝動限縮在一個有限的範疇內，在此，移情如同一個遊戲場域，可使重複的衝動盡情施展。個案的精神官能症被『移情官能症』（transference-neurosis）所取代，此移情官能症能被治療工作所治癒。移情成為真實生活與疾病（illness）之間的中間區。」（同上，頁154。）

　　憂鬱和哀悼，可能不是兩個極端，一端是成功，一端是失敗，可以簡化成兩者同時存在，以不同的比例

存在於意識上，哀悼被當做是能夠面對客體失落的現實，並不是覺得自己的某部分也跟著客體而去，也就是死去的是客體，而自己仍是活著，雖然仍帶有悲傷，而理論上這種悲傷會隨著時間而漸漸淡去。但在潛意識裡，人的總合經驗來說，是否哀悼和憂鬱是同時存在的經驗，兩種也同時互為主體，都有自己的話要說和想說。這讓失落這件事，變得更豐富，也更有情感，不論深沉苦痛或淡淡的哀傷。或者是否可以說，沒有哀悼這件事，有的是哀悼和憂鬱兩者並存，如同溫尼科特所說的，母嬰關係的擁抱圖像，沒有憂鬱的哀悼，可能是淺薄的溪河，活著卻缺乏豐富的生態。

但缺乏哀悼能力的憂鬱，卻是無底的深淵，能夠浮著不下沉，就是人性運作的極緻。如同游泳，需要最大精細的放鬆，才不會沉下去，才能支撐更久，任何焦慮都是耗費能量，加速下沉的危機。這是我假設的，憂鬱和焦慮的潛在關係之一，焦慮在某些不太危險的處境，是種呼籲和呼叫，但是在很危險的深淵，卻是造成加速下沉的動力。意味著需要快速減少焦慮嗎？不必然，因為想消除時反而會給與它更多能量，而顯得更焦慮，因此需要什麼呢？如何在這種深淵裡，仍能夠放鬆放下呢？至於修通的過程，仍是需要自我的妥協能耐，給別人餘地後，我們就有更大的轉圜空間嗎？這是妥協嗎？這是過渡空間的創意所在

嗎？

　　在《記憶、重複與修通》裡，探索修通的途中還有哪些風景，以溫尼科特在《關切他人的能力的發展》（The Development of the Capacity for Concern, 1963）裡的第三個例子，談論其中涉及自我（ego）的能力，以及當年安娜（Anna Freud）和克萊因（Melanie Klein）論爭裡，對於負面移情的詮釋前，是否需要培育自我的能力？溫尼科特的《獨立的能力》（The Capacity to be Alone, 1958），和關切他人的能力是重要的搭配，需要兩篇文章一起來看，做為修通過程的補充版。以及其中涉及的，個人和客體，個人和群體的關係，和比昂（Bion）的「自戀」和「社會戀」是兩匹馬，一前一後拉著馬車一起前行，也涉及這兩種能力的孕育過程裡，治療師的主動和被動的課題。

　　孤獨的能力和關切他人的能力，是一體兩面，兩者相互連動，相互依存，而不是相互對立。最好的比喻不是一體兩面，好像它們永遠見不到對方，而是兩股交互交織的平行線，在《關切他人的能力的發展》文中列舉的第三例，相對克萊因對負面移情的詮釋，溫尼科特的說法是接近安娜說的自我的培育，但溫尼科特說得更深入，而且不會落入簡化式的自我的能力和防衛的說法。

關於「修通」，仍有不少語言值得加進來對話，例如，比昂的蛻變（或轉型transformation），我相信不同的治療者，都有著自己細微不同的定義。是一個仍需要很多對話和文字描繪的主題，結束這課題前，回到佛洛伊德說生的本能和死亡本能是交織的，但我們試想如果破壞本能是無法直接對話的國王，我們只能跟國王派出來的士兵對話，要士兵回去傳達我們說的，是國王在背後搞破壞，在兵和國王之間可能發生這種對話嗎？溫尼科特的作品可能就是，在兩強間找出路的創意展現，就這點來看，他算是成功的。但不是意味著，只有溫尼科特說的話才有意義，他的概念仍是站在這些爭論的背景，從這角度來對話也許會更有意義。

第十一堂

· Freud S.（1914）Remembering, repeating and working-through, SE.12, p.145-156.
· Freud S.（1919）The "Uncanny", SE.17, p.217-252.

第十二堂
超我展現的幽默態度，提供了錯覺的未來，讓生命值得活下去？

　　佛洛伊德談論幽默（humor）的態度時，表示這是「超我」（super-ego）運作的成果，超我一邊否認（disavowal）現實，而且提供了錯覺（illusion），使嬰孩不致被現實淹沒，他也提及，幽默是對現實的背叛，讓自己可以戰勝現實的受苦，並且因此而有了愉悅。相對於他在論述說笑話（jokes）和詼諧（comic）時，認爲是「自我」（ego）的運作，雖然帶有歡笑的性質，但說笑話在本質上具有攻擊的意含，而幽默則是來自雙親特質的遺留能力，提供馬上對自我的撫慰，讓自我不致於被創傷經驗所打敗而太受苦。這是佛洛伊德研究超我的文章。

　　「佛洛伊德認爲幽默與說笑話有類似的地方。說笑話（jokes）是刹那間潛意識對前意識思想（preconscious thought）的修正版，亦卽說笑話是潛意識對喜劇做出貢獻；而幽默則是經由超我對喜劇做出貢獻。……不過，幽默的愉悅強度無法像喜劇或說笑話所能達到的那麼強烈。在幽默態度裡，超我拒

絕現實並用作一種幻覺（illusion）……」（呂思姍中譯，出自Freud, S., Humour, 頁165-166，1927，英文標準版第21冊。）

我覺得值得重視《論幽默》這篇文章，一般來說這篇文章相對地被忽略，他談論笑話和詼諧的文章《笑話和它們與潛意識的關係》（Jokes and Their Relation to the Unconscious）是較常被討論，尤其是其中所涉及的語言學，和說話的課題與內在心理結構的關聯。說笑話有著說詮釋的「說」，說話被當做是建構精神分析的重要位置，而幽默是一種態度，也許可以和分析的態度相比對，不過這不是很被注意的課題。也許有可能是因為，在古典分析裡，不太希望分析師有需要像父母的超我，來提供錯覺能力的角色，畢竟超我更常是被當做是個嚴屬的監督者。

「幽默如同笑話和喜劇釋放出什麼，但比它們多了雄偉（grandeur）和提升（elevation）。雄偉是源於自戀的勝利，自我拒絕被外在現實所傷害。如：星期一某個死刑犯將上絞刑台，他說：『嗯，這禮拜這樣開始還不錯』。自我將創傷當作獲得樂趣的機會。……幽默是不服從的，是反叛的。幽默代表的是自我與快樂原則的勝利，以對抗現實的不友善。」（同上，頁162-163）

不過我主張，值得注意《論幽默》，文中所提

　superego押著id，但id不是省油的燈：從佛洛伊德說的談他沒有說的

到的「幽默的狀態」，是否值得和「中立的態度」或「分析的態度」，並行地被我們在意嗎？尤其是當我們運用精神分析於外在環境的對話時，這些對象並非我們診療室裡的個案，如果仍以中立的態度和分析的態度，好像把對方當做我們的個案，但其實他們並不是。因此是否佛洛伊德所談論的幽默的態度，是值得再細思，做為在診療室的運用時的態度嗎？

　　他重複提及的是「幽默的態度」，不是所有人都有的能力，當佛洛伊德分派給超我這個任務，出面來安撫由於創傷而受驚嚇的自我。雖然超我在其它場合，是位嚴厲的主人，他也表示，甚至不少人無法享受，別人展現在他們面前的幽默態度。由於他是強調「態度」，因此幽默的展現，不是只如笑話或詼諧是靠著話語。

　　「玩笑並非幽默的核心，重要的是幽默的意圖：此危險的世界只不過是孩童的遊戲—值得對其開開玩笑。……在幽默裡，超我對驚恐的自我說出安撫仁慈的話語。……並非每個人都有幽默的能力，這是一種少見且珍貴的禮物。……如果超我試著以幽默的方式來安慰自我並保護其免於痛苦，這也不違反其做為雙親代理人之來源。」（同上，頁166）

　　我試著從佛洛伊德談論幽默的觀點，想像嬰孩在成長過程，失落創傷所帶來的心碎般破碎感。大部分

人或多或少修復這些破碎感，那麼幽默的能力，和推動它的超我，扮演什麼角色呢？尤其是超我的否認現實，並提供錯覺來安撫自我，也就是佛洛伊德把幽默的態度，當做是種能力，是源自雙親的超我，提供照護嬰幼兒的方式，雖然超我也同時具有是位嚴厲主人的角色，驅迫自我替它服務。

那麼錯覺有它的未來嗎？或者錯覺是常見且需要的，它甚至是文明發展的一部分，尤其是人在面對生老病死和愛恨情仇的糾纏，就算是預期下被誕生下來，仍是面對重要客體不可能完全提供滿足需求，加上有「社會化」和「文明化」的期待，在任何成人的心頭，這些以直接、間接或顯明、隱微方式存在，勢必和嬰孩的需求和本能慾望是違逆的，嬰孩如何活下來呢？

關於文明，佛洛伊德這麼說，「儘管文明被認為是人類普遍感興趣的一個對象，但每一個人實質上卻又都是文明的敵人。……由於人們不能獨立存在，為了使共同生活成為可能，文明所寄望的犧牲便成為人們的沉重負擔。因此文明就必須對個體嚴加防範，所有規章制度、風俗習慣和要求，目的都在完成這項任務，其目的不僅在於影響財產的分配，還在於保持這種分配。」（彭奇章中譯，出自Freud, S., The Future of an Illusion, 頁6，1927，英文標準版第21

　superego押著id，但id不是省油的燈：從佛洛伊德說的談他沒有說的

冊。）

　　當文明愈來愈需要占上風後，嬰孩需要多少自己能夠應付的錯覺呢？這些錯覺在未來會以什麼樣貌存在呢？當他後來有了語言的能力，將會如何運用語言的能力，來糾結或化解這些經驗呢？尤其是人對待文明是這樣子，「目前每一個人身上都有一些破壞傾向，也就是反社會和反文化的傾向，在許多人身上這些傾向是十分強大的，足以決定他們在人類社會中的行為。……我們可以認為文明的本質在於獲得財富和控制自然。也可以認為，透過公平合理地分配財富，就能排除威脅文明的危險。如此，著重之核心已從物質面轉向精神面。決定性的問題在於是否能夠、以及在何種程度上才能減輕，強加於人類身上的本能犧牲之負擔，使人與必須留存下來的本能調和，並且提供一種補償。」（同上，頁7）

　　溫尼科特說的錯覺是需要的，他的錯覺說和佛洛伊德的錯覺說，兩者之間的相關性是什麼？人是活在錯覺裡，例如明天會更好，但是真實是什麼？錯覺的另一面是，什麼是真實？尤其是錯覺本身，就是某種心理真實，尤其是佛洛伊德提出的，在生命早年的創傷裡，超我提供的錯覺來安慰受創嚴重的自我，讓自我仍可以走下去而不致於崩解。具有如父母親任務的撫慰是重要的能力，溫尼科特直接就表示，錯覺的必

然存在，以及它的必要性，才不會在發展出承受能力之前，一下子就被殘酷的現實淹沒了。

如果人生就是在錯覺裡出發，覺得有個完整的自己在活著剩下的餘生，而實情是創傷時的驚恐和失望，所帶來的心理效應，如同某種東西破碎後四散各地。這個比喻很重要，雖然我無法說只有這個比喻，值得用來形容早年受創傷者，在後來的人生裡，如何撿拾自己的破碎記憶，想要拼湊出自己的模樣。相對於建構完整恐龍的想像，破碎的自己是個案述說自己的故事時，常呈現的說法和態度。

如果以人生的碎片，來比喻創傷後的心理處境，一如有人說他被某人拋棄後就心碎了，早年生命的創傷所引發的碎片，可能有什麼特性呢？這些碎片可能就在它最後落地的所在，發展成自各的不同風景，如同一個家族在移民其它地方後，四散了，在各自落腳的地方發展著他們的未來。

創傷的人生碎片，在各地發展後，如同個案述說著不同情境下的人生故事，例如與同學、朋友、老板等不同的人生故事，但是四散的碎片之間，已經忘記了當初的處境，忘了當初是如何來的，也忘了當初四散前完整的情況，使得個案在述說後來發生的某些故事時，我們從旁人來聽，會覺得故事的某些情況有雷同模式。

superego押著id，但id不是省油的燈：從佛洛伊德說的談他沒有說的

但對個案來說，卻是四散後的東西，各自成長了，卻互不相識。在治療早期，就算治療師想要讓個案看見，這些發生在不同人之間的故事，其實都有著相同的起源，有著類似的行為模式，但個案卻很難理解是什麼意思？就算是很容易看見有相類似的地方，卻是容易找出它們之間的不同，而很難有著舉一反三的效應，雖然過早的舉一反三，是有著以偏概全的可能性。

對我們來說，就是讓那些不同故事裡的人物，能夠相互對話，像讓他們相互認識，雖然只是心理想像上的做為，這是知道自己歷史的方式嗎？那些發生在不同地方的人事物，是相互不認識，卻都是人生的部分。這種知識是什麼意思呢？是鄉愁嗎？涉及一般想像的，破碎人生是整合的問題嗎？要整合什麼，將不被記得的「歷史事實」記起來嗎？或者在個案的心理想像裡，原本發生在異地的人事物，能夠在個案的心中相互對話，相互了解？不然，我們所說的整合是指做什麼呢？讓什麼整合？

所謂整合出一個自己，是什麼模樣？包括整合生命故事裡，眾多人事物之間對話關係，進而帶動了想要促成這種整合的力量？或者使四散的東西開始相互聯繫起來，這是和整合有著異曲同工的說法，「文明與性慾的衝突在於性慾建立在兩人之間，第三人顯得

多餘，但文明是建立在一大群人之間的關係。有無可能文明僅透過共同工作和共同利益就能將人們聯繫起來？如此文明就毋需從性慾撤出能量了。實際上不是如此，文明也利用力比多將社群的成員聯繫起來，這是利用認同作用（identification），藉由友誼這種目的所抑制的力比多來達成。」（呂思姍中譯，出自Freud, S., Civilization and its Discontents, 頁108-109，1930，英文標準版第21冊。）

另，可能來自具有推動幽默能力的超我，也許我們可以主張，在經歷創傷而依然挺過而活下去的人，自然是存有著幽默態度的能力，也許很淡薄如絲線般，這需要合著溫尼科特的「孤獨的能力」以及「關切他人的能力」，一起來想像在經歷創傷猶存的情況下，如何再走下去的理論和技藝？

克萊因談的憂鬱形勢，過程的修復能力是如比昂所說的alpha功能，所帶來的消化功能，以及漢娜西格（Hanna Segal）的內在的創造和美學過程的論點，都在說明著人就像是歷經了眾多的創傷和受苦，但有一股讓人們可以部分痊癒的能力存在著，這是佛洛伊德所說的文明的過程嗎？在過程裡引發的潛在不滿是什麼？前述的那些修復功能可能也帶來什麼不滿嗎？

不論個案是歇斯底里、恐慌症、強迫症、邊緣型

superego押著id，但id不是省油的燈：從佛洛伊德說的談他沒有說的

人格、自戀型人格等，在診療室裡幾乎都會以不同方式，不同強度，呈現以下的場景。

當個案重複說著老故事的悲慘時，我們的心情是多麼無力和無助，甚至覺得治療本身根本是無望的，只是做為專業職人，我們沒理由被打敗，因為會歸結成一種無用感。專業職人雖不是要贏，但也不能被打敗啊，個案重複述說相同故事裡，有多少是覺得自己的故事，別人無法了解，因此需要重述再重述，才有可能覺得被聽到，被了解？雖然結果可能相反，反而讓他人更難了解，只感受到行動的重複裡，總隱含著死亡況味的氣息。

例如，一個要獨立掙脫加害者，述說著當年被迫害的故事，何以最後總是因難受只想要避開或推脫，說事情已經過去了，不再理會它就好了。這是多麼直覺，有某種程度的有效，但也讓問題以其它隱微方式悶燒著的過程。直到某件事再出現大爆發，反而讓他人覺得他無理取鬧，當事者卻更滿滿覺得委屈，覺得沒有人想要了解他的苦是多麼痛。我們會覺得這是個案的錯覺，因為我們自許是可以幫上個案忙的人，但這才是治療師的錯覺。

個案的問題的確無解，但是人性上對於無解，是可以發展出不同層次的想法和包容，不一定被無解的答案所吞沒。例如，人終將一死，這是無解的答案，

卻繞了別的路，讓窮途走到最後的盡頭末路前，仍有生機可以被再現出來。但是最後仍一無所有，使得中途的「有」成為一種錯覺，才有佛教修行的「要看開」、「看破」、「放下」的重要概念和境界。

　　精神分析的重要術語也是錯覺式的存在嗎？當一個術語被打造出來，是要描繪在眾多故事和細節裡，呈現一個約略的樣貌時，我們可以用那術語來稱呼它，但是當術語被界定後，代表那些情境的綜合後，面臨的是故事裡的某些細節，可能不全然符合術語的內涵。但它們卻是這些潛在故事裡的一部分，而這部分可能會被相對地映照出來，被加強焦點，然後反映出術語仍是無法涵蓋它們。這也是伊底帕斯情結或自戀這語詞的情況。

　　因此是否術語本身也帶有某種錯覺，被當做可以涵蓋該術語原本想說的內容，但是故事的細節，仍會在人的日常生活裡不斷地衍生，但是為了做出符合術語的詮釋，可能會讓我們看不見其它不同的訊息。

　　那麼，當我們面對自己的術語，已經隨著時間被認識，但也老化了，不再有新鮮的刺激，或者不再被認識，甚至被誤解，這些診療室裡常見的情景有什麼意義嗎？畢竟起初這些術語都是借用來，描述某種難以言語表達的現象或感受，久而久之，是否容易被理解為，這些術語就是原初要描述的情境的全部，而

　superego押著id，但id不是省油的燈：從佛洛伊德說的談他沒有說的

忽略原本的術語可能只是象徵著複雜情境裡的某個部分。包括，性學概念、伊底帕斯情結和自戀等，甚至這些文明的語詞所引發的不滿，會如何動態影響著原有語詞的效用，也就是專業詞語和社會心理，仍是維持著動態的關係，是否文明的語詞會有疲乏現象，或是激惹更多的不滿呢？這種動態式的狀態，將會如何影響精神分析的存在和方式？

某些重要的潛在人性本質可能和文明相互違背，「文明除了擴展共同體的傾向外，限制性生活的傾向也一樣明顯。這包括禁止亂倫、以禁忌、律法和習慣來限制性生活等。其餘包括禁止孩童表現性生活、只能選擇異性戀、將非生殖器滿足視為性倒錯等。這意味著每個人都只有一種性生活，無視於人類性組成的差異，無論是先天或後天的。……唯一不受譴責的性是異性生殖愛，但這也受到一夫一妻制與合法性的限制。現代文明只容許一男一女永久的結合，並以生殖為目的。性慾做為快樂的泉源是文明所不喜的。」（同上，頁104-105）

只是避開盡快解決就好了，或者這些現象裡就隱藏著重要的人性意義呢？以文明來說，相對於性慾和攻擊慾的存在，它們之間就是充滿著張力，「如果文明要求人們犧牲性慾，又要犧牲攻擊性，難怪人類難以在文明中感到幸福。文明人已經把一部分的快樂交

換為安全。實際上，原始人的境況好些，因為對本能無所限制。不過，在原始家庭裡，只有一家之主享有本能的自由，其餘的成員則處於奴役的壓抑。……至於當代的原始部族，根據研究其本能生活未必享有自由，反而受到另一種可能比文明人更嚴格的限制。」（同上，頁114-115。）

因此一般都是從個案的症狀角度，來談論精神分析的後設心理學，如果我們相信「移情」的確是有它的臨床重要性，臨床裡時時刻刻存在的現象，那麼前述的這種場景，就意味著融合了個案的深度心理學因子，和移情混合後的爆發現象。這反應了多少人性和文明的競合呢？畢竟從個案的個人心理學，從走出自家房門到診療室，遇見分析治療師後的移情，一路上的遭遇，反應著整個精神分析好奇的範疇。

老故事如何被新說，還能再被思考？這是很困難的課題，從我們精神分析專業職人重複聽著個案述說老故事，卻常使我們無能為力的感受，是可以了解這種困難。只是雖有這種了解，並不必然馬上可以找到老故事的不同述說方式，進而被當代思考，也許需要博物學的策展概念，來重新安排和述說。這是妥協的結果，不可能回到從前，不可能將當年的理想，在目前完全重現，那可能也缺乏意義了，它的意義是在當代發揮作用才會被看見。

superego押著id，但id不是省油的燈：從佛洛伊德說的談他沒有說的

最後，我想要談談錯覺的未來，除了個案的內在心理，我也回頭來想想，精神分析做為文明的產物，有多少錯覺瀰漫？我無法指出所有的，只是從一些片段來想想。對於文明，佛洛伊德還有這些想法，「『美』、『清潔』和『秩序』並不如對自然的控制那麼重要，但也非無足輕重。文明並非僅重視實用性，這在『美』這個例子已經顯現出來。……更足以代表文明的特徵是高級心智活動——智識的、科學的和藝術的成就——以及觀念，這包括宗教系統、哲學和人類的「理想」——個人、民族和整體人類盡善盡美的觀念，這些人類的創造是相互交織的。……人類活動的動機一般而言在於努力融合實用性和愉悅性，我們亦可以假定文明的展現也是如此，雖然這只在科學與美學活動中顯示出來。」（同上，頁92-94）

　　一般來說，我們是多麼期待，自己是個美好理想的期待者，但是當我們發現，那只是在失落和受苦裡，藉著生命的動力而防衛，所打造的城牆來保護並隔絕或否認那些經驗，我們有多麼失望呢？不可否認的是，能來到診療室的人，都是某種程度成功活下來的人了，或我們發現自己成功了，卻開始變得不安恐懼，擔心成功會被閹割而再失去？這些情況需要一些文明條件的配合，「最後一個文明的特徵是人與人之間的社會關係的調節方式，包括做為一個鄰人、幫助

者、他人的性客體、家庭或國家的成員。社會關係是受調節的，這個調節的嘗試就是文明的進程。如果沒有此種嘗試，最強壯的人就會決定一切。當許多人聯合起來力量強過任何個人，並足以對付任何個人時，社群因而形成，並以『權利』（right）來對付『蠻力』，文明就此開展。……文明的首要條件是『正義』──不因人而異的法律。此法律不再代表任何特殊小團體，而是適用於共同體內的每個成員，藉由犧牲自己的本能使大眾免於蠻力的擺佈。」（同上，頁95）

畢竟在人生經驗裡可以看見的是，如果覺醒後所見的空洞和失落的實情，那麼有從空洞和失落裡覺醒這件事嗎？那是什麼樣的狀態呢？如果失落和空洞感裡所累積出來的是，無力感、無助感和無望感，人的掙扎是在做什麼呢？只想複製成功經驗，就是為了再失敗嗎？

讓我們再回到佛洛伊德，從著重臨床，回到他很早就一直有興趣的文化課題，《錯覺的未來》（1928）是重要的文章，雖然他在1912年就有《圖騰與禁忌》，但是直到《錯覺的未來》才再重啟系列研究，另1930年的《文明及其不滿》，可說是《錯覺的未來》的直接衍生版，以及1939年他死後出版的《摩西與一神教》，其實在1934年就開始書寫了。

superego押著id，但id不是省油的燈：從佛洛伊德說的談他沒有說的

在《錯覺的未來》裡，他提出了一個至今仍重要的現象，當人們好奇自己的文明是如何形成的，何以走到目前，以及它未來的命運時，只能受限於個人有限的成功和失敗裡，所獲得的經驗做為想像的基礎。我主張這也適用於我們精神分析取向專業職人，在診療室裡累積經驗後所形成的論述。「文明社會中，人的道德水平並不是評價一個文明社會的價值時所值得考慮的唯一心理財富。除此之外，在理想和藝術創造方面都有文明的財富——也就是說，從那些資源中都能獲得滿足。……理想給文明社會的人所提供的滿足是自戀性質的滿足，是對已經成功獲得的一切感到洋洋自得。要想獲得完全的滿足，就需要與取得不同成就和達到不同理想之其他文化進行比較。憑藉這些差異的力量，每一種文化都有權藐視其他文化。這樣，文化的理想就成為不同的文化社會之間產生不和與仇恨的一個根源，正如在各個國家中所最顯而易見的情況那樣。」（彭奇章中譯，出自Freud, S., The Future of an Illusion, 頁12-13，1927，英文標準版第21冊。）

不過活下來的都是先鋒，是可以成功，但如果以為所說的就是這樣子了，而對於少數的失語相對忽略或敵視，就這樣子走向失敗，使得成功無法複製成功，或複製的是當年的成功，卻仍可能是眼前現實和

未來的失敗。對於失敗保持著不被打敗的心情，可以挺得住再傾聽不同聲音，而不是只聽最大的聲音。

那是某種重複失敗的聲音，占據著而有很大的聲音，這需要多少錯覺的能力，相信未來的成功，而幽默的能力會在哪裡出現呢？「被壓迫階級與統治、剝削階級的一致性，只是更大整體的一部分。因為，從另一個角度來看，被壓迫階級能夠在情感上隸屬於他們的主人；儘管被壓迫階級對他們的主人抱有敵意，但他們卻能在主人身上看到他們的理想。」（同上，頁13）我們做為治療者在診療室裡，經歷個案以各式的行動要挫敗我們，而我們走過後，把累積的成功經驗描繪成「理論」時，這有多少文明的錯覺，和錯覺的文明呢？

因為精神分析理論也是文明的一部分，對於個體和本能欲望會帶來什麼抑制？而這些被抑制的部分會如何反撲？「我們將本能無法被滿足的事實稱為挫折（frustration），將產生這種挫折的規章制度稱為禁令（prohibition），而將產生這種禁令的條件稱為匱乏（privation）。……深受匱乏所苦的本能願望隨著每個兒童的出生而重生；有一類人，即精神官能症患者，是以反社會的行為來回應挫折。在這些本能願望中，有亂倫、同類相食和殺人欲望。把這些願望和另一些願望擺在同等地位聽起來似乎十分奇怪，因為人

superego押著id，但id不是省油的燈：從佛洛伊德說的談他沒有說的

們聯合起來反對這些願望，而對於是否容許另一些願望存在，則在我們的文明社會中爭執不休；但是從心理學來講，這樣做是有道理的。不管怎麼說，文明對這些最古老的本能願望的態度也是不一致的。」（同上，頁10。）

這並非我們宣稱中立態度，就可以免除的，畢竟精神分析所設定的，能愛和能工作，或者具有關切他人的能力，和行動前能夠多想這些，都是和個人及其欲望相對立的。因此我們在思索精神分析的未來時，無法只思考是否有用或有效的課題，而是同時需要思索精神分析的成功，所帶來的文明和文化，對於個體和本能欲望的堆聚所帶來的影響。「這些最早的本能的放棄（renunciations）包含著一種心理因子，它對所有更進一步的本能放棄仍是一樣重要。……我們立即就能指出其中的一個心理上的進步。這個進步與人類的發展過程是並行不悖的，即外部的強制逐漸內化；這是因為有一個特殊的心理機構，亦即超我，把它接受下來，並把它包括在文明的禁令之中。每一個兒童都會向我們展示這個轉變過程，只有通過這樣的方法才能使兒童成為一個道德和社會的存在。超我的這種力量是心理學領域中的最寶貴的文化財產。已經發生了這種心理轉變的人就會從文明的敵人變成文明的工具。」（同上，頁11）

第十二堂

- Freud, S. (1927) The Future of an Illusion. SE.21, Editor's Note and part 1&2, p.3-14.
- Freud, S. (1930) Civilization and its Discontents. SE.21, part III-V,p.86-116.
- Freud, S. (1927) Humour. SE.21, p.159-166.

superego押著id，但id不是省油的燈：從佛洛伊德說的談他沒有說的

第十三堂
佛洛伊德的性學，和一般說的做愛之間的寬度

性是為了性而性，或是為了認識自己或認識他人？這個命題被加上了，為了愛而性，這是性本身的本質課題嗎？或是客體關係的理論被以愛為名，而拉上性的舞台，那麼精神分析以性學做為主舞台的歷史，是意味著精神分析只強調性和它的滿足，而不是強調客體關係裡的愛嗎？如果將性學當做是重要的生命驅力，意味著它是主體，是真正的推論者，只是它是一堆無形的生命力，需要借著物理的身軀，來實踐性所要驅動的力量？溫尼科特的「真我」的概念有些接近這個說法。

不過，佛洛伊德又曾宣稱，如果精神分析有目標，那它是愛和工作。他沒有細說這裡的愛是指情感上的依歸，或者也自然被加上做愛的意思？這樣的話就是性和愛的合併進行曲了，是這樣子嗎？或者他宣稱的愛，是有更多做愛的性交媾之外的其它意涵？佛洛伊德在《嬰孩的性組織》裡，對《性學三論》的補充，「重點在於描繪兒童和成人性生活之間的根本區別；最後，我們對兒童性研究感興趣；從中可以認識

到兒童期的（大約第五年）性特質最早可抵達之最後結果，以及它在成人中依循它所採取之最終形式。」（王明智中譯，出自Freud, S., The infantile genital organization, 頁141，1923，英文標準版第19冊。）

依著精神分析史以來的論點，性學相關的主題常被當做是重要的課題。甚至也有人當做是最重要的論述，從佛洛伊德的文獻來看，這是事實，也是這行業裡的職人們和外行者的觀點。不過我在這本書談論古典精神分析的書時，並未將性學放在最優先的主題，也未將重點放在性學，因為佛洛伊德的論點經過後來臨床家的實踐後，並不是所有時候都只想性學相關的議題，有時性學是舞台前方的戲碼，有時是背景，有時是後台裡的生活內容。

一般談論佛洛伊德以降的性學，是以性特質出發，常是指是「嬰孩式的性特質」（infantile sexuality），在本文的參考資料裡兩篇關於孩童的性理論，主要是強調不論成人世界如何回答小孩問的，他們從哪裡來？其實，他們會有自己想像的性理論，他們自己建構的性理論，構成他們私密的性心世界。「今天，我不再滿足於這樣的說法，即在兒童早期階段，生殖器首要地位的效用非常不完整或根本沒有影響。兒童和成人性生活的近似程度是接近的，不僅只局限於即將到來的客體選擇。即使在以生殖器做首要

superego押著id，但id不是省油的燈：從佛洛伊德說的談他沒有說的

地位主導下，本能成分的適當組件所發揮的效用，尚沒有如在嬰兒性特質發展過程最高點時的效用，但對生殖器及其活動的興趣取得主導，也僅是稍稍落後於成熟時的水平。」（同上，頁142）

這也是佛洛伊德把「性倒錯」，當做是精神官能症的另一面的緣由吧，也就是精神官能症和性倒錯是一體的兩面，是同時存在的，只是何者在何時會出現在舞台上，而另一種則是背景或待在後台，其實這個是一體兩面的說法。以直白的方式來說，是指精神官能症者的另一面，有著性倒錯的課題，而以性倒錯為主者的背後，也有著精神官能症。不過我相信這種直白說法，會惹來的是更多的不滿，覺得是在背後硬被貼上標籤或者汙名化。

我主張，如果要再讓精神分析的立論，更往前走更細緻的話，是得將這些反應考慮進去，並嘗試再細緻的發展出相關的論點和說法。尤其是針對非診療室裡的讀者，以目前的分析治療的典範來說，是不會和個案直接討論如何接受這種論點，因為這會讓分析治療變成是在上課討論，因此也使得我們少想像理論的說服課題？

這問題卻是我們和社會互動的重要基礎經驗，如果我們無法更多的論述，並且讓這些論述成為我們了解臨床實作的重要訊息，我們很容易就只是認為，精

神分析的理論會觸及和冒犯一般人的自戀，因而會被社會排斥，讓這個說法變成是個有說服力的概念，成為我們的堡壘，迴避了持續思索這個命題裡的困局，其實有助於診療室裡的實作，也是擴展精神分析後設心理學的重要一環。

至於一般常聽到的，成人的性相關的課題，例如以戀物做為性滿足的方式，某些性犯罪或變性等，就算有後設理論來嘗試解釋，不過這些解釋、假設、推論和建構，卻常被當做是成因，其實離做為成因都還有很長的距離，只是有了問題後，一般人會期待有個說明來幫助了解，因此常只是一種方便的說法，至於代表多少內在世界的複雜實情，則仍是不確定的。

例如，以口欲、肛門和性蕾期等說法，再加上固著（fixation）和退行（regression）的概念，來主張個案的某些問題，是由於生命裡某個時期的問題，這類似於以某概念來綁住我們，如前述的，以某症狀是由於生命早年的甲論點所造成，並把那當做是病因學，但以生命早年的某種創傷事件做為成因，以性犯罪為例，是無法解釋何以他們不是一直在犯罪？何以常是在某些種種因素的聚集下，會出現那些性犯罪舉動，這顯示著還有更多因子的相互影響，相互積聚後，再加上外在現實的條件才出現的行為。

因此盡量避免從這些理論，做出過度的推論，將

superego押著id，但id不是省油的燈：從佛洛伊德說的談他沒有說的

這些被建構出來的，生命早年的性學理論，當做是病因學的成因，我想這可能如佛洛伊德在《孩童的性理論》裡，所說明的孩童自己建構的私密性理論，仍是主宰者，因此讓我們在臨床上，很困難只從他們所陳述的生命早年的創傷，就說因爲曾有那創傷，所以會出現後來的這些問題。雖然佛洛伊德這麼說，「兒童犯下的許多表現爲暴露癖（exhibitionism）的侵略行爲，可以在後來幾年毫不猶豫地判斷爲慾望表達，在分析中被證明是爲性研究而服務所採取的實驗。」（同上，頁143）

我相信這讓要建構一種理論，可以解釋所有類似行爲，變得很困難，因爲那些記憶常不是以意識層次的方式來記得，而是化身在日常的行動裡，只有在某些時候行動出來了後才有機會被了解。偏偏如果是犯罪行爲，他可能會極力的掩飾，而讓孩童的性理論很困難被了解，不過至少我覺得這是個大方向。

尤其是相對於目前常見的，想以現有理論或社會意識做爲指引，畢竟現有的理論，包括精神分析的理論和社會意識，都是公共知識了，但眞正帶來問題的是私人的知識，使得雖有大的框架理論來了解相關問題，但要落實到個人時就會顯得困難。

至於現有的性學理論，不同年紀的性現象，其實需要更細的區分。佛洛伊德的年代，爲了突顯和其它

競爭者的不同，在解釋精神官能症的成因時，以性做為突出的代表象徵，但直到目前，是需要更細緻的說明它的差別了。例如，一個剛學會說話的小孩，抓著媽媽的乳房說，這是他的，他一輩子要擁有這乳房，媽媽聽了，也許覺得小孩很貼心，但如果到了青少年，還抓著媽媽的乳房說，這是屬於他的，我相信會帶來不同的效應。

這顯示著對於性學需要更多的分類，不同年紀的性，直到青春期後的性，雖有佛洛伊德強調的「嬰孩式性特質」做為串聯的主軸，不過是需要區分它們，在不同年紀不同問題上的差異。不是為了強調精神分析職人群聚認同，而只以「性」做為統稱我們的焦點，因為它的無所不包，反而降低了解釋現象的能力。因為任何人只要聽過一次，就可以移植到它處，這是否會愈來愈難成為聚集專業認同的焦點？

我不是要減少性學的位置，而是需要更多的說明，例如在本文我想要建構的是，人從失落創傷的發展歷程裡，性是如何走上舞台的呢？一如克萊因和比昂對於伊底帕斯情結的論點，強調「伊底帕斯情境」（Oedipus situation）裡原初場景的想像，我的推論是，有什麼樣的途徑和方式或條件，才會讓這個情結的故事得以有意義的出現？

性學發生的條件和基本舞台是什麼呢？這是我關

superego押著id，但id不是省油的燈：從佛洛伊德說的談他沒有說的

切的，以性做爲舞台或者失落空洞是舞台，而其它的如焦慮，性學是在這個基礎上逐步地開展呢。

這些討論的臨床基礎是什麼？對於臨床的思考或技術，有什麼樣的助益呢？

何況大部分的論點是，就算性學是焦點，在臨床上，並非就和個案只談這些話題，或只做和性有關的詮釋，事實上據我的了解，在技術上反而是保守，性學的概念只是治療師的觀察，可能不會太快過早以性的移情做爲詮釋的材料。因爲精神分析的性學，本就是包括從嬰幼兒的性，到成人的性，但這不容易被了解，甚至我也不認爲精神分析有把它的區分，說得讓自己覺得很信服。我相信這是值得在現有的資產上，再深入的主題。我在準備書寫中的性學三部曲，會是以這爲方向，不過這是多年後的書了。

「每個精神分析初學者，當他在詮釋病人的聯想以及處理潛抑的再現時，一開始可能會對於存有的困難感到驚慌。當面臨的時刻到了，很快就會知道這些困難微不足道，唯一眞實嚴肅的困難是在於處理移情這件事。」（彭奇章中譯，出自Freud, S., Observations on transference-love, 頁159，1915，英文標準版第12冊。）

移情，尤其是破碎人生者的移情裡，性和愛的展現，讓我們建構生命早年的心理史，包括性學史，因

此要描述這個移情可能是什麼時，生命早年的「部分客體」（part-object）的經驗，是需要被強調的，不再只強調完整客體（whole-object）式的移情。在克萊因的理論出場後，是一波高峰，也許還會有其它的高峰。

加上以固著和退行的概念，來說明移情，或者顛倒過來，以移情來推論有哪些固著和退行，接下來我提出一些想法，做為移情是關係裡實情的背景，讓我們再來想想在這些移情上，性學的展現，除了目前完整客體的說法外，在部分客體關係裡，可能是什麼模樣呢？做為下一章談論性客體選擇（object-choice）時，如果有心理學因子牽涉其中，我們如何從移情來想像和推論。

佛洛伊德的觀察是這樣，「此刻，我們觀察的結果顯示，決定情慾生活過程的衝動只有一部分已通過精神發展之全部歷程。這部分朝向現實，是有意識的人格，並形成其中的一部分。另一部分力比多衝動在發展過程中被擱置；它轉離意識的人格與現實，阻止進一步擴張，除了幻想或完全處於無意識狀態之外，因此對人格的意識乃未知的。如果有人對愛的需求無法全然被現實滿足，他必然會接近與力比多預期相符的每位初遇者；極有可能的是，其力比多的兩個部分，即有能力變得意識的部分與無意識部分，在形成

superego押著id，但id不是省油的燈：從佛洛伊德說的談他沒有說的

這種態度上占有不同的比例。」（王明智中譯，出自 Freud, S., The dynamics of transference, 頁100，1912，英文標準版第12冊。）

說明移情的重要性，也要說明何以要回到談論 ego 的目的，是要再來想像自我是如何建構防衛，讓人活下去，以及對移情的詮釋，是否要再另外多想像這些想法？以移民者來比喻，移情是屬於第一代經驗的再現嗎？或是第一代移民後代的經驗？那麼第一代的心聲是什麼，尤其是他的性理論的心聲？在佛洛伊德前述的描繪後，他再進一步形容移情的心理機制「因此，對於力比多灌注感到部分不滿足的人，在其預期中準備好的灌注，勢必會朝向醫生這個人，是完全正常且可理解的事。就我們之前的假設可以得知，這種灌注從原型中汲取資源，將其附著於符合主體既存模板的那個人；或者，此灌注會把醫生引入病人早已形成的精神『系列』中，用另一種方式將醫師推向某個位置。」（同上，頁100。）

我是這樣想像失落、匱乏、創傷後，離散移居各處的移民者，在未來對於某個人（治療師）的移情，是否如同移民後代的不同表達方式，也讓每種移情都有了自己的主體性，而不是以它們都是移情，就可以讓它們連在一起，來想像自己是什麼？而是各碎片如同每個移民者，有著自己的主體性，是需要一個一個

溝通和了解，並不是它們都是來自同一地方的移民，就可以把大家聯結起來並歸類在一起。

　　由於移情在治療過程裡，會變成某種阻抗，依著先前對重要他人的印象來看治療師，而難以依眼前治療師的樣子來看待治療師。「在尋找從病人意識逃脫的力比多之過程中，我們已深入無意識的領域。我們所帶來的反應同時揭露了我們從夢的研究中所獲得的一些特徵。無意識衝動不想以治療對他們期望的方式被記住，而是努力地根據無意識的永恆與幻覺的能力來重現自身。正如夢中所發生的那樣，病人看待其無意識衝動覺醒的產物為當下的現實；試圖在不考慮現實的情況下將其激情付諸行動。醫生試圖強迫他將這些情緒衝動融入治療和生活史的關係中，使其屈服智力的考慮，並在心理價值的啟發下理解它們。在醫生和病人間，智力和本能生活間，理解和尋求行動間的鬥爭，幾乎全在移情現象中發生。在這個領域，必須贏得勝利——勝利表現為精神官能症的永久治癒。」（同上，頁107-108）

　　期待的永久治癒精神官能症，佛洛伊德是有些理想化精神分析，不過這無損於精神分析的價值。我們處理移情的最終目的，是讓個案更能夠自由聯想，而不是只記住被詮釋的內容並照著去做，同時，處理移情的另個目的是，也涉及治療師對自己的反移情的體

superego押著id，但id不是省油的燈：從佛洛伊德說的談他沒有說的

會和了解，讓分析治療師能夠更自由飄浮的注意力，不是以為是針對某個方向而深入，雖然臨床上，深入某一主題，和自由飄浮的注意力，並不必然是相互矛盾。我是主張任何技術的目標，也就是介入處理時，不論是針對移情或反移情，它們的真正目標是，能夠逐漸地自由聯想和自由飄浮的注意力。

當移情的愛出現時，由於精神分析的模式，並非日常生活裡熟悉的關係模式，因此對於雙方都會是震撼的經驗。佛洛伊德在《移情愛的觀察》裡強調，醫師必須體認個案會墜入愛河，是由於精神分析的特殊情境所引發的現象，不是歸因於自己的魅力。遇到這種困境，通常個案的家人和朋友會希望個案放棄分析治療，佛洛伊德強調，面對這種情形，不可交由個案家人基於溫柔的、甚至可能的自利和嫉妒，來決定個案是否要持續進行分析治療，雖然臨床上常聽到，個案會以家人要他們離開治療，以避免這種因治療後開始出現的受苦。

在臨床上，「首先，也最為重要的是，我們在心中保持一種懷疑，任何干擾治療持續的情形可能是阻抗的表現。無須懷疑的是，爆發出對愛的熱切索求，很多時候是阻抗的運作。」（彭奇章中譯，出自 Freud, S., Observations on transference-love, 頁 162，1915，英文標準版第12冊。）這是需要有態度

的，佛洛伊德這麼說，「對我來說很容易的是強調普世所能接受的道德標準，並且堅持在任何情況下都不會接受或回報病人給他的溫柔感受：相反的，他必須考慮這是個時機把社會道德的要求與放棄的必要性放在這位愛上他的女性面前，並成功地讓她放棄自己的慾望，超越自己的動物性面向，繼續工作分析。」（同上，頁163。）

如果「移情」不是一個統一的國度，只說著相同的語話，而是失落創傷後離散四處的碎片人生，每個碎片逐漸適應在地而過著自己的日子，這些四散的移居者有了後代，也隨著環境發展出略有不同的方言，因此移情是這些不同移民者，以行動透露了他們的心聲和意圖，每個碎片如記憶孤島般，都有著自己的特色。當我們宣稱在移情這語詞下，是四散移民者說著不同的心聲，也有不同的表達方式，就意味著不是我們以移情一詞，就容易把四散的心理課題貫穿起來加以了解。

因為四散的移民後代們，對於上一代創傷失落的空洞感，有不同的想像方式了，也有不同的表達方式，這使得移情如臨床所現出的，比想像中的還要複雜，因為移民的自我以不同方式，建構出因地制宜的不同防衛策略，來處理那些失落、悲傷和受苦，使得後代者也有了不同的處理方式，並在已有的建構上再

搭建其它的防衛。

　　佛洛伊德是這樣描繪臨床過程，「在進一步愛的關係歷程中，她將帶出情慾生活中的壓抑與病態反應，並且沒有任何改變的可能性。而這艱難的插曲會以自責收場，並增強潛抑之傾向。這愛戀關係會破壞病人受到分析治療影響的感受性。⋯⋯醫師必須堅決克制對移情愛的任何反應。必須緊抓住移情愛，但又將其視爲不眞實，視其爲必須在治療中度過的。」（同上，頁166）

　　這些難題是無法避免的情境，因此佛洛伊德提出了重要的態度，「治療必須在禁慾（abstinence）中執行，但我指的並非單單是身體的禁慾，但也不是去剝奪病人所慾望的任何東西，也許沒有病人能夠忍受得了這狀況。⋯⋯這個基本原則反而應該是讓病人的需求（need）與渴望（longing）被允許持續存在於她身上，作爲一種動力來推動病人進行治療工作並獲得改變。」（同上，頁165）

　　不過，如果只談自由，是很容易被誤解爲，難道就只是爲了空泛的自由，然後什麼都不做嗎？可以想這是精神分析要涉進的問題嗎？由當事人自由決定就可以，或者另有其它向度來想像和評估，是否爲眞的自由呢？尤其是如果自由有「解脫」之意，那麼接下來呢？

我是從臨床來推想這個命題，只是如何區分自由後的談話，和因爲焦慮不安而說些零散，難以了解或重複的話題呢？我主張後者的談話，除了內容外也流露出的氛圍，是有著死亡的況味，是如同創傷後離散四處的聲音，各自吐露著悲傷的心聲。而自由後的談論，是充滿生機活力，因此是否需要的是，和自由一起想像的是創造力，創造出生機有活力的人生，不論他是否想群體生活或一個人？

　　至於佛洛伊德對於移情愛的結論是這樣，「移情愛因爲這些特別的表徵而有了個特殊地位。第一，它是被分析情境引發出來的。第二，它被掌控局面的阻抗大大地強化，第三，它很高程度地缺乏去考量現實，較不敏感，較不關心後果，與我們準備去接納的正常之愛相比，也更盲目地看待所愛之人的價值。但我們不要忘記這些偏離常態的狀況就是戀愛的基本狀態。」（同上，頁168-169。）

第十三堂

· Freud S. (1908) On the sexual theories of children, SE.9, p.205-226.

· Freud S. (1912) The dynamics of transference, SE.12,

p.97-108.

- Freud S. (1915) Observations on transference-love, SE12, p.157-171.
- Freud S. (1923) The infantile genital organization: an interpolation into the theory of sexuality, SE.19, p.141-148.

第十四堂
從失落創傷經驗裡成長，孩童私密地建構性學理論

　　從失落創傷經驗裡破碎地成長，同時孩童的性學理論私密地建構著，這會如何影響著未來的客體選擇？佛洛伊德雖然提出了重要的觀察，孩童會依著自己的觀察和想像，建構自己的性心理學理論，這是個重要的假設，不過對於細節上，孩童可能是想些什麼，孩童所建構的理論內容，他僅是有限地說著幾個想法，但這些說法加上本章所呈現的論點，仍無法充份回答，我們在臨床上所遇見的客體選擇的現象。

　　客體對象的選擇，和性對象的客體選擇，除了男女雙性二分外，其實比大家預期的還要更複雜，想像中的對象是一件事，實際選擇某客體是另一件事，在心中的多重性別，卻可能是另一件事。例如，某女個案會和男或女人發生性行為，總覺得不確定自己是何種性別，雖然外表是女性化的打扮，不致輕易讓人覺得她有其它的性別認同問題。她也不覺得自己是不男不女，她不喜歡這語詞，覺得自己只是不知道是男或女，或者某種性別？希望自己可以慢慢確定後有清楚的認同。

superego押著id，但id不是省油的燈：從佛洛伊德說的談他沒有說的

如佛洛伊德所觀察的情況，「在許多症狀中，揭露性幻想（或許多幻想，其中最重要與最早期的幻想之一是與性本質有關）不足以解決症狀。要解決它，一個人必須擁有兩種性幻想，一種具有陽剛氣質，另一種具有陰柔氣質。這些幻想源自同性戀衝動。這個新發現並沒有改變我們的第七種公式，歇斯底里症狀必然代表性衝動與潛抑衝動之間的妥協，這是事實。但它也可能代表兩對立的性特質之性幻想結合。」（王明智中譯，出自Freud, S., Hysterical Phantasies and their Relation to Bisexuality, 頁164-165，1908，英文標準版第9冊。）

這些訊息也隨著社會的逐漸開放，接受各式的性別選擇的課題後，我們才有機會比目前知道的，了解和想像更多可能性。雖然我們會以某人的性別認同來想像這課題，不過自己的性別認同，並不必然等同於客體選擇時，選的是以男或女的角度而已，也包括選擇了同性，是否就覺得自己是同性戀？

另外，我要指出來的是，孩童的性理論可能在二三歲前就已經在暗暗建構了，在這之前的歲月，對孩童來說，仍大都是以「部分客體」，不必然是「完整客體」的方式，來認識他周遭的人。尤其是那些遭受失落創傷的孩童，是有著如比昂所說的，片斷破碎的自己，那麼這種狀態將會對當事者的性學理論，產

生什麼影響呢？簡化的說法是，這些破碎的自己各自依著經驗，而有性學想像時，直到後來完整客體的狀態，他的性學理論就是那些心理破碎片斷的集結嗎？只是大雜燴般的拼貼，而不同的性理論之間，並沒有意識上可以理解的關聯？

這個疑問是在呈現臨床所見的，性別認同在男或女之外的複雜性，以及關於什麼是愛情？佛洛伊德是這麼想，「之前關於愛情的主題都由作家著手，但基於美學的因素，會把一切磨得平滑，因此離真實會有段距離。……科學應該接管這個領域，但在探討的過程中會減少許多愉悅，因為科學本就與快樂原則相悖離。」（出自Freud, S., A special type of choice of object made by men, 頁165，1910，英文標準版第11冊。）

也反映著診療室裡，不是以這些語詞就能解決個案的問題，何以如此呢？因為需要更多的語詞，而這個過程也成為和社會對話的過程，不是硬要把術語等同於某些難解的現象，但是如何來相互對比而有新的發現？當我們面對自己的術語，已經隨著時間被認識，但也老化了，不再有新鮮的刺激，或者不再被認識，甚至不再被誤解，這些診療室裡常見的情景有什麼意義嗎？

畢竟，起初這些術語都是從其它領域借用來描

superego押著id，但id不是省油的燈：從佛洛伊德說的談他沒有說的

述，某種難以言語表達的現象或感受，但是久而久之是否容易被理解為，這些術語就是原初要描述的情境的全部，而忽略原本的術語可能只是象徵著其中的某個部分，包括性學概念、伊底帕斯情結和自戀這些術語等等。

在這樣的年代，我們還會想思考「陽具欽羨」這件事嗎？這真的是人生裡的重要歷史事件嗎？有欽羨是否意味著，會靠向對方而無法做自己呢？但是「做自己」是什麼意思呢？是男性沙文主義的延伸，而過於強調男性生殖器的重要性？或者陽具欽羨的現象，只是嬰孩的性學理論建構所產生的結果？

不是一般想像，簡化的以為陽具欽羨是後來問題的起因，如同比昂對於伊底帕斯情結的觀點，他主張是有某種「伊底帕斯情境」（oedipal situation），著重在透過什麼過程，讓生命歷程裡的伊底帕斯情結可能會出現。如果個案失落創傷過於厲害，而難以有「完整客體」的經驗，對於父母和重要關係者，常是破碎的感受和衝突，使得要走向具有完整客體特性，伊底帕斯的三角情結的出現，產生了困難，而陽具欽羨只是部分客體的認同，會如何影響後續的完整的客體選擇？

佛洛伊德的部分論點是這樣，「至於男孩伊底帕斯情結的前史，我們還未完全清楚。我們知道該時

期包含有對父親的一種深情的認同，一種沒有任何關於母親的競爭感之認同。……該階段的另一個因素是與生殖器有關的手淫活動，兒童早期的手淫。負責照料兒童的人或多或少的暴力壓制，在行動中設定了閹割情結。……可以假設這種手淫附著於伊底帕斯情結中，並用來釋放屬於它的性興奮。然而，並不確定手淫是否第一次就具有這個特質，或者正好相反，它開始是對身體器官的自發性活動，只在某個較晚的時期與伊底帕斯情結有關。」（彭奇章中譯，出自Freud, S., Some psychical consequences of the anatomical distinction between the sexes, 頁250，1925，英文標準版第19冊。）我無意說這足以成為定論，仍需要再補充和想像，才能讓精神分析的理論再度活起來。如果性學是如此讓人興奮的說法，現在它需要一些新的說法，來讓自己再度興奮和活起來。

　　另值得思索的是，陽具欽羨的概念，是否還有和社會對話的能力？或者只是重複老話，卻失去了當代年輕人的世界，因而陌生而無法對話了，如果陽具欽羨仍是重要的象徵，那麼這象徵銅像需要如何被重新詮釋，再度上場？或者我們只能重複已說過的話，聽不懂的人就算了，反正他們就是不想聽見我們話的人？

不過佛洛伊德曾想過的，仍是值得做為我們進一步想像的基礎，「分析以一種陰暗的方式，向我們展示孩子在很小的年紀，聽到父母交媾之事實，會如何建立他的第一次性興奮，以及該事件如何因其後續效應，而可能充當為兒童整個性發育的起始點。……手淫以及伊底帕斯情結中的兩種態度，後來又與這種早期經歷連結，孩子後來解釋了它的意義。然而，不可能假設這些對性交的觀察是普遍存在的，因此在這一點上我們面臨著「原初幻想（primal phantasies）」的問題。……對小女孩而言，其伊底帕斯情結比男孩子更容易引發一個問題。在男、女兩種情況中，母親都是原初對象。男孩在伊底帕斯情結中保留了母親這個客體。但女孩是如何放棄母親這個客體，並且以父親這個客體來取代之？」（同上，頁250-251）

　　一如精神分析者假設，個案後來以他們的新自由，重新以自己的方式詮釋過去、現在和未來，那麼我們如何重新詮釋「陽具（陰莖）欽羨」這個重要的文明發現？佛洛伊德當年曾這麼想像、推論和建構了這些說法，雖然這也並不是他所說的全貌，「陰莖嫉羨的心理影響，只要它沒有被男性情結的反向作用所吸收，就會有很多變化而且影響深遠。……當一個女性覺察到本身的自戀傷口之後，如同疤痕一般，她會發展出一種自卑感。……卽使在陰莖嫉羨已經放棄

其真實目標之後，它持續存在：藉由簡單的置換作用（displacement）存在於嫉妒的性格特徵中。當然，嫉妒並不僅限於一種性別，而是具有更廣泛的基礎。但我認為它在女性的心理生活中起著比男性更大的作用，因為它從置換後的陰莖嫉羨之方向獲得極大的增強。」（同上，頁253-254）

　　我相信當代仍有「陽具（陰莖）欽羨」這個名稱所涉及的現象。但是陽具欽羨這個語詞，已經不再有感動力了，不再讓人會想去思索它在說什麼，勢必有不少誤解，不能只說是阻抗，而是需要思索如何重新詮釋它，如同無法輕易被撼動的憲法，也會有後來的大法官依著現時的經驗來釋憲，讓別人再認識它。或者再發現的過程裡，如回到鄉愁裡，卻有新的發現，一如諾貝爾文學獎得主帕慕克，在他重複書寫，失落的土耳其的伊斯坦堡，它被這麼形容，「他在追尋生身城市的憂傷靈魂的途中，發現了多種文化衝擊與交織的新象徵。」

　　如性學或伊底帕斯情結等銅像堡壘，如何重新策展，在社會上來和其他人對話，也反映著診療室裡，並不是說明這些語詞的意義，就解決個案的問題，何以如此呢？因為需要更多的語詞，也需要不同的述說展現的方式，這個過程也成為和社會對話的過程，這和診療室的工作不是等同，但是如何來對比而有新的

發現？雖然我仍深信，個案親身在診療室裡的體驗，是最接近精神分析要傳遞的經驗。不過這並不是做為，不嘗試從其它方式做為溝通的管道，這些溝通無法百分百傳達精神分析的真髓。

「性別認同」和「客體選擇」的課題裡，有些是要當男人或女人的矛盾，但是了解更多後卻發現，這種矛盾是表相，例如更深入的觀察會發現，有些是有男性的生殖器，卻覺得自己缺乏當個男人的氣概，使得他不敢找女人做伴侶，這種匱乏感並非來自矛盾，卻讓他陷在選擇同性或異性客體對象的矛盾裡。這些矛盾和匱乏的關係（讓兩者被分裂來看的splitting），處理這兩種併行存在的現象，現有理論來說是各自說著自己的領域，好像變成了技藝上的不可共容，一如分裂機制作用後的二分現象。

分裂的後續問題，不是在於分裂兩端內容的衝突的消除，這常是意味著消除其中的某一端，由於兩者之間缺乏夠寬廣的中間地帶，試想如果中間地帶夠寬廣（另一種good enough），就算原本的衝突無法消滅，甚至是必要存在的兩端都繼續存在，但是由於中間地帶夠寬廣，因此兩者之間的活動範圍很寬廣，不會動不動就相互卡到而相互掣肘起衝突。這是處理分裂機制所帶來現象的最佳處理策略，也就是當愛不會威脅到不愛，或者恨不會淹沒掉不恨時，愛和不愛之

間，或恨和不恨之間，就會有某些在中間的情感，各安其位，是否因此就可以有安身之處，至於安身之外如何立命，這是另一件事了。

　　如何讓愛和不愛之間，或恨和不恨之間，有更大的餘地可以轉身，或各自有容身之地，是否發展過程裡由於失落和匱乏，而引發的恨意外洩，使它們缺乏容身之地，而需要一直尋找出路，再加上其它因子的影響進而擴大了恨意，因此影響了客體的選擇？

　　佛洛伊德提出了幾種客體選擇的可能性，例如有的是「在正常的愛情中，女人的價值以其性完整（sexintegrity）加以衡量，其價值隨著趨近妓女特徵而降低。有一種人卻視妓女特徵的女人具有最高價值，似乎明顯偏離常軌。他們與這些女人的愛情靠著付出最大的心理能量來維持，這是他們唯一興趣之所在。他們認為這樣的女人是唯一可以被愛的，並且一再重覆地要求這樣的女人保持忠誠，在現實中常以關係破裂告終。」（王明智中譯，出自Freud, S., A special type of choice of object made by men, 頁167，1910，英文標準版第11冊。）

　　或另一種類型，「此類型者總要表現出『拯救』所愛女人的衝動。他們相信，她需要他，倘若沒有他，這個女人就會失去道德控制並很快陷入悲慘境地。因此為了拯救她，不能放棄她。在某些個別情

　superego押著id，但**id不是省油的燈**：從佛洛伊德說的談他沒有說的

形，女人的不忠與社會地位的危脆為拯救的想法提供證據。」（同上，頁168）

這些假設只是對臨床情境的一些猜想，對於男性生殖器的可能失落和不安，是閹割焦慮，這是常見的論述，但是否這種焦慮只是一種偽裝，是對於早就已經失落後的遺憾心情的遮掩？例如，「這可解釋一定年齡的孩子會提出沒完沒了的問題：他們只有一個問題要提出，但從不真正提出，也解釋了一些受官能症影響的人之愚蠢行為；他們正處於祕密的壓力下，這個祕密正在燃燒且被披露，儘管有各種誘惑，但卻未曾透露。」（同上，頁169-170）

如同佛洛伊德在《論幽默》裡提及，幽默的態度是來自於雙親的超我，製造了可以活下去的錯覺，並撫慰了脆弱的自我，他提到超我另有嚴厲的特性，因此陽具欽羨和閹割焦慮，是否是面對更早期的失落創傷後，超我製造了錯覺並撫慰了脆弱的自我，卻不具有幽默的性質，反而以焦慮不安做為展現方式，也許這是超我裡嚴厲成分運作的結果？

另外，在客體選擇後，常聽到的無法持續一起的原因，說是人和人之間失去新鮮感，但這是什麼意思呢？原來在一起的動力和衝動不見了，如果這個熟悉的說法是對的，早年的失去，如陽具欽慕的失去，找到的都不是曾經失去的那個，這是所謂的熟悉，指熟

悉當年的失去感，讓後來人和人間的那種熟悉，變成空洞感的起點，在人生是往前的未來式，實情卻是早就回到過去裡漫步。

在臨床上有時可見，個案以這種巧妙方式來呈現，佛洛伊德（1920）在The psychogenesis of a case of homosexuality in a woman裡，治療女同性戀的青少女時，一開始無法感覺任何移情，顯示出一種對男性的全盤拒絕。這種敵意不用明顯地威脅到分析，只要表現為一種緊抓著疾病，使醫師徒勞無功就可以。也可以說，佛洛伊德對於客體失落的描述，是早就存在的，例如陽具欽羨，只是他集中在焦慮的描繪，而不是失落後引起的憂鬱和空洞感，使得人在後來人生裡，總是一直在找什麼，卻又遍尋不著的情境，因為陽具欽羨的失落，是以還沒有失去，一直還在尋找的心情，來讓空洞感依然處在不安和焦慮裡……

尋找客體，是為了什麼？為了滿意什麼呢？佛洛伊德曾提出這種尋找客體的心理學「在正常的愛情中，就客體選擇而言，僅有為數甚少的母親原型（maternal prototype）特徵原封不動地保存下來，比如年輕男性對成熟女性的偏愛。正常人很快就脫離對母親的力比多依附。但這種人就不同，他們對母親的力比多依附會持續很久，甚至直抵青春期之後，母

superego押著id，但id不是省油的燈：從佛洛伊德說的談他沒有說的

親的特徵滲透到往後的客體選擇，所有的一切都變成極易辨認的『母親的代理人』」（同上，頁169）

滿足本能、欲望或者滿足客體關係，兩者之間如何建構出人的模樣呢？如果依著這個疑問來想像，相對於佛洛伊德在《Hysterical Phantasies and their Relation to Bisexuality》裡所提的，歇斯底里式的幻想，而溫尼科特在《原始的情緒發展》（Primitive Emotional Development, 1945）裡，提出解離（dissociation）是和未整合（unintegration）的問題，這些都是重要的論點，畢竟如果直接說，伊底帕斯情結帶來歇斯底里，這只是假設的說法，是著重小孩已有能力，把父母當做「完整客體」經驗下的產物。

而以「前伊底帕斯」時期，能力仍是「部分客體」的經驗，來說明邊緣人格和自戀人格，這讓歇斯底里時期，成了發展過程斷代史的中間地帶，這是比昂談論「伊底帕斯情境」的重要緣由吧，如何從破碎的生命，動態地走向目前的歇斯底里症狀，不可能不受先前人格發展的影響。雖然由於精神分析史的焦點不同，如斷代史般將歇斯底里，和人格課題分成兩部分，再加上精神醫學的診斷條例，加深了斷代史的影響，而忽略了這是一脈相承的結果，這也會顯示在性別認同的客體選擇、人格和症狀的交織影響。

前述這些客體對象的選擇所帶來的問題，以及衍生出來的技術課題，只是靠著治療師的分析，不管整合嗎？有人主張，這是「精神分析」和「精神分析取向心理治療」（分析治療）的主要差異所在。這是針對理論所做出的結論和期待，但臨床上個案的情況有多少可以只是如此，也就是當個案走進來，也許有個評估過程，那麼這個評估過程是要判斷，是否能夠就只是分析，而不需要治療師的其它處遇，如支持和意見嗎？

　　真有這個情況嗎？是千挑百選後的說法，或者是意識上被去蕪存菁後所做的描述，但是當兩個人在診療室裡，一起工作時，所有的有言和無言的行動過程，真的能夠有這種只管分析，不管整合的情況嗎？這只是指某個特定時候出現這種情形，是對分析師抱持著期待，和建構自己的專業認同？當佛洛伊德引進「分析的金、暗示的銅」的概念時，就只是要來擴展精神分析運用於心理治療，而開出來的技術新視野嗎？

　　也就是做為一種區分的說法，但在臨床上是實情嗎？如果是實情，那是需要精選過個案，尤其要他是鮮少使用分裂機制，做為應對人生問題者，而且更重要的是，他必須是不會讓我們想要，用「自戀」來形容他的某些態度和行事，但這是可能的嗎？如果人的

superego押著id，但id不是省油的燈：從佛洛伊德說的談他沒有說的

失落創傷，是生命很早年就會出現的，後來是層層的
防衛，保護著那些猶存的活生生能量，這些防衛是屬
於只管分析的事情嗎？是否也需要其它的？

第十四堂

- Freud, S.（1908）Hysterical Phantasies and their Relation to Bisexuality. SE.9, p.155-166.
- Freud S.（1910）A special type of choice of object made by men, SE.11, p.163-176.
- Freud S.（1920）The psychogenesis of a case of homosexuality in a woman, SE.18, p.145-172.
- Freud S.（1925）Some psychical consequences of the anatomical distinction between the sexes, SE.19, p.241-260.

第十五堂
再回到夢的工作，想想能再做什麼？

　　最後一章談論夢。佛洛伊德的《夢的解析》是精神分析起家的重要紀念碑，因此最後一堂課來談夢，意味著這不是結束，而是準備再開始。佛洛伊德提出對於夢的不同見解，並以「朵拉」案例做爲要佐證，夢在精神分析實作裡，是可以增加我們對於精神療癒（psychical treatment）的視野。也替精神分析之後，其它各式的心理治療開展了劃時代的影響力，而且還看不到它的影響力會停止的時候，雖然精神分析做爲一種廣義心理治療或精神療癒，它的影響已不如上世紀的風行，但是它的貢獻在於它提供了，仍然可以有空間不斷走下去的可能性。

　　「使我們感興趣的是夢的意義問題，這個問題具有雙重面向。首先，探詢夢的心理意義，夢與其他心理過程的關係，以及夢可能具有的生物學功能。其次，試圖發現夢能否能被詮釋，個體的夢內容是否具有『意義』，如同我們習慣在其他心理結構中尋求的那樣。」（王明智中譯，出自Freud, S., On Dreams, 頁633，1910，英文標準版第5冊。）

superego押著id，但id不是省油的燈：從佛洛伊德說的談他沒有說的

在最後一章我想要提出，對於精神分析理論的想法，關於精神分析理論產生的基礎可能是什麼？這是我在書寫這本書時，前後貫穿的想法，例如，個案是被拋棄的失落人生裡，如佛洛伊德主張的，小孩暗暗建構自己的性學理論，因爲小孩不解人生課題，而建構自己的性理論。雖然浮現的疑問是，自己是從哪裡來的？從哪裡被生下來的？進而衍生的焦慮不安。然而更貼切的內心問題，可能是爲什麼自己被生下來，卻被拋棄，無法完全如自己的意呢？因此人是如何被生下來的疑問，只是浮現前半段的問題，還有問題的後半仍隱身著，也許這是何以父母重複的說明，仍無法停止這些疑問的原因之一。

其實不少個案是如此抱怨，爲什麼要生下他呢？爲了消化這個難分難解的謎題，而被轉化或昇華成，人是從哪裡來的？這是把恩怨不滿的挫折，轉成對知識的好奇，和想像的建構，因此一些小小的問題，自己是從哪裡來的？可以說已是比較具有創意了，是在解決潛在的疑問，爲什麼自己被拋棄，不少個案由於某些難關，而終生不斷地問著，到底自己身在何處？爲什麼被生在這裡，或爲什麼要生下他呢？

相較於孩童建構自己的性學理論，來回答自己的觀察和疑惑，另外一直在經歷雷同命運的是，佛洛伊德以降，治療師們的存在，是在被拋棄下，仍不停地

想像眼前的臨床實境，而建構出我們的理論來說明一些困惑，這變成了精神分析理論。一如佛洛伊德在父親過世後，被拋棄的憂傷裡，悄悄開始夢的解析，進而開展了後續理論的建構工程，我們至今仍在持續建構的工程裡。

回到本章夢的主題，本文刻意不選《夢的解析》做為文本，而是以另一篇長文《關於夢》，是在1901年發表的文章，這篇文章除濃縮了《夢的解析》重要貢獻的論點外，也嘗試提出某些補充，「潛夢思轉變成顯夢內容值得我們注意，心理材料從一種表達方式轉換為另一種表達方式，從很快被我們理解的表達方式，轉換成另一種只能在指導與努力的幫助下才能理解的表達方式。」（同上，頁642。）不過我的重點是在於，夢這件事在精神分析裡的重要性，而除了《夢的解析》外，這篇文章也值得被注意。

佛洛伊德提出了，夢的主要功能，是讓睡眠得以繼續，不會受某些生理或外界干擾因素，而影響睡眠的持續。也就是夢是透過各種心理機制，處理了來自外界，也有來自內在世界的影響因子，讓那些因子另有出路，而不再持續喧囂，雖然隔天這些因子仍會出來作怪。關於內在因子，佛洛伊德是以「嬰孩式的期望」（infantile wishes），統稱那種原始的能量，或者將這個原始的能量，附以有著某種內容，被稱為

superego押著id，但id不是省油的燈：從佛洛伊德說的談他沒有說的

「隱夢」，意指潛在無法直接被五官觸及的內容。

「經過分析，夢中大膽而清楚凸顯的基本內容，必須在夢思中扮演次要角色；我們可以聲稱情感是夢思最突出的事物，根本不會在夢內容中以意念出現，或者只在夢的模糊區域中遙遠地指涉。……在做夢的過程中，心理張力會從它適當歸屬的思想與意念轉移給我們的評價不會擅加強調的他者。正是這個過程使隱夢的意義，夢內容與夢思間的聯繫變得無法辨識。」（同上，頁654）

佛洛伊德將報告者記得的夢，稱為「顯夢」，在那年代可能為了突顯精神分析的觀點，他在《夢的解析》裡，花不少篇幅談論顯夢裡的隱夢，不過他最後仍強調，其實更重要的是「夢工作」（dream work），透過「濃縮」和「取代」機制，而將隱夢變成顯夢的過程。因為夢工作是顯現了，我們的心智是如何運作的機制，佛洛伊德認為這更是精神分析的重點，雖然一般來說，常會對精神分析如何從顯夢裡，找出可能的隱夢內容是充滿了好奇。

「夢工作的另一項成就，就是傾向產生不連貫的夢，甚至更引人注意。我們比對了意念元素的數量，寫下夢例所佔的空間，或在分析帶領下所產生的夢思，以及透過夢所發現的軌跡，無疑夢工作已經進行了大規模的壓縮與凝縮（濃縮）。……從夢內容的

每個元素開始，聯想的線索會分支為二或多個方向。夢中每種情況似乎都是由二或多個印象經驗所共同建構。」（同上，頁648）

對佛洛伊德來說，夢就是一種滿足，一場夢就是成功的滿足了什麼，但這是什麼樣的成功？什麼樣的滿足呢？除了增加睡眠外，還有其它的嗎？何以不少人在夢醒後，留下的是遺憾，好像有什麼未獲滿足，甚至覺得更空洞感呢？如果夢是一種滿足仍是對的描繪，那麼成功經驗的分享，是同時呈現分享著某種空洞失落的經驗，讓這些被隔絕的微弱聲音得以乍現，而同時需要被觀察和經驗，因為要分享成功時也要同時想著，是在分享曾有且一直存在的失落？

「夢工作的運作就像Francis Galton建構他的家庭肖像（family photographs）一樣。將不同的組件彼此疊加，藉此，共同元素在合成圖像中便會凸顯而出，彼此矛盾細節則或多或少相互抵消。這種產出方式某種程度也解釋了夢內容中諸多元素所表現出的模糊特徵。基於此一發現，可為夢的詮釋定出以下規則：在分析夢時，如果不確定可用『不是--就是』（either-or），那麼為了詮釋的目的，可將其替換為『和』（and），並將每個明顯的備案當成系列聯想的獨立起點。」（同上，頁649-650）

我們可以從夢裡學到什麼，找到自己嗎？或者

superego押著id，但id不是省油的燈：從佛洛伊德說的談他沒有說的

夢是來找它自己，不是來找我們？夢是在做自己嗎？或是我們想要做自己，只是利用夢，那麼夢甘願讓我們利用嗎？是「嬰孩式的期待」在做主，運用它的能力捕捉材料，來編織成它的夢，被捕捉來的那材料，在夢後的命運呢？我們願意當夢的傳導者嗎？我們憑什麼相信，夢利用我們後，它就會離去，不會干擾我們？或我們是一心一意，想要了解夢是什麼，然後想要把夢留下來，只是為什麼一定要把夢留下來呢？我們會以什麼來招待它呢？它有善意嗎，如果有，會用什麼方式來表達呢？

　　克萊因曾表示，她是閱讀了佛洛伊德的《On Dreams》這篇文章，才燃起對精神分析的好奇，到了溫尼科特巧妙地，將外在現實環境因子和內在心理因子，結合起來談論夢這件事，談嬰兒的夢的被說和被記得，是白天和晚上，是清醒和睡眠之間的聯結。「如果在夢思間的共同元素無法呈現，那麼夢工作就著手創造，想法就能在夢裡得到共同的表徵。最簡單的方法是將兩種夢思兜攏在一起，剛開始沒什麼共同點，那就改變其中一種的語言形式，在半路上將它與另一種兜攏在一起，套進類似的新說法裡。……夢工作很大一部分在於這種中間想法的創造，常是高度精巧，儘管顯得牽強。它們在夢的顯內容之合成圖像與夢思之間形成連結，形式與本質各不相同，並由令人

興奮的夢元素所決定。」（同上，頁650）

在這種主張下，夢是有些接近「過渡客體」的功能，比昂的經驗是，精神病個案在分析過程很少談到夢，但當他們開始談論夢時，比昂發現這些個案是有些改變已經發生了，只是還不被雙方意識到。漢娜西格（Hanna Segal）提出，夢是被分析的過程才是走向潛意識的皇家大道，而不是夢本身是走向潛意識的皇家大道，這接近溫尼科特說的，夢被述說，被記得，才是發揮了夢的重要功能。

「夢內容的每個元素都被夢思的材料『過度決定』了；並非源自夢思中的單個元素，可追溯到整體的總數。在夢思中，這些元素不一定彼此緊密相關；它們可能屬於這些想法寬廣分離的區域。從嚴格意義來說，夢元素是夢內容中所有不同材料的『表徵』。但是分析揭示了夢內容與夢思之間複雜關係的另一面向。就像連結是從夢的每個元素通向幾種夢思一樣，一個夢思通常也由不止一個夢元素來表徵。聯想的線索並不僅從夢思過渡到夢內容，而是在旅途的過程中相互交錯與交織多次。」（同上，頁652-653）

Rosine Perelberg曾提及，對比昂來說，表示精神病人在分析過程裡，開始談夢的出現時，回頭看已有療癒的跡象。因此是否意味著，夢工作或夢本身，具有我們想要了解的謎題，個案會痊癒的作用因子隱

superego押著id，但id不是省油的燈：從佛洛伊德說的談他沒有說的

身在其中？因此提議值得再回頭閱讀佛洛伊德的《夢的解析》，依她的說法那是了解和建構，痊癒之道的可能方向。不過這仍是一條長路，直到目前，要了解痊癒之道仍還有距離。這是從另一角度來談談夢的可能運用，例如從夢的形成過程裡，是否有某些創造因子，來想像和推論個案，在精神分析或分析治療的過程裡，是什麼因子使個案得以改變或蛻變？在精神分析文獻史裡，曾一度討論著，是否是經由精神分析師準確的詮釋，讓個案有了洞見因而帶來後續的改變。不過目前看來，這謎題不是如此簡單的解答而已。

以另一個比喻來對照，我們在診療室裡所經驗的記憶，尤其是生命早年記憶的課題，這裡所說生命早年的記憶，是指在生下來後就開始的人生記憶，當個案走進診療室裡，開始想著何以會出現某些症狀，通常會有一套不同完整程度的故事，被當做是造成問題的起源。這會帶來一個重要的疑惑，對於生命早年，尤其是還不會說話前的狀態，他的記憶會是什麼樣貌呢？

有可能藉著回想探源，而真的找出當年發生的歷史事實嗎？或者就算可能，它對於心理所造成的真實影響是什麼？那是什麼被記憶，或者更重要需要被問和觀察的是，會有什麼被添加進原來的故事裡呢？這些增添的故事，是否因此就破壞了，人們對於生命早

年心理課題的探索。

　　如果回到佛洛伊德，對於夢的探索經驗，他後來強調了解「夢工作」的運作，比從顯夢推論出隱夢還要更重要。對於我們要探索生命的記憶，這種說法會有什麼啟發嗎？我們對於生命早年記憶的探索，是否和從顯夢探索隱夢，是有它們類似的地方？但兩者都是不可能的任務，一來人的記憶不可能記得如此清楚，另外「歷史事實」的被記憶，會混雜著當時心理感受的真實，而這些「心理真實」會不斷地修補當初的歷史事實，這是臨床常見的情況，而且和想要從顯夢追尋隱夢，是有著類似的過程。

　　不過如同顯夢，受著監督者的影響，而會在有所防衛後才現身，也就是會有佛洛伊德所說的「夢工作」的運作，「濃縮」（凝縮condensation）和「取代」（移置或置換displacement）的心理機制，因此顯夢是自我防衛所運作的成果。如同從目前的片斷記憶或症狀，要回溯當年的記憶時，也會有類似的自我防衛，例如分裂機制、否認機制、潛抑機制等，使得目前記得的只是當年記憶的片斷，而且如顯夢般，這些記憶片斷需要被分析，才能了解它的某些意義。

　　「『夢的移置』也可以用『尼采的』『心理價值重估』來形容。……夢不可能沒有任何移置而發生，例如，有些夢的意義清晰很好理解，是毫無掩飾的願

　superego押著id，但id不是省油的燈：從佛洛伊德說的談他沒有說的

望實現。另一些夢，夢思均無法保留自身的心理價值，在夢中至關重要的一切均被瑣碎事物取代。我們可以找到這兩個極端之間完整的過渡系列。夢似乎越模糊困惑，其中建構所佔的比例就越大，這可歸因於移置的因素。」（同上，頁654-655）

臨床上更常見，後來增添的內容，反映著心理的工作，如同夢工作的運作，是探索的焦點，而不只是找出隱夢的內容，或找出生命早年的歷史事實，畢竟心理真實隨著時間的演繹，會有新的版本。「如果現在將這所有材料變成一個夢，那麼心理材料會順服一股巨大的力量來將其凝縮，變成內在的碎裂片段與置換，這將創造出新的外觀，並對最適合情境構建的部分進行選擇性運作。如果要解釋這材料的起源，此歷程應被描述為回歸（regression）。然而在這轉變的過程中，失去了將心理素材維繫在一起的邏輯連結。夢工作接管並操縱著夢思的實質內容。恢復夢工作所破壞的連結，是必須由分析完成的一個任務。」（彭奇章中譯，出自Freud, S., On Dreams, 頁660，1910，英文標準版第5冊。）

也就是有新的語詞和體會，再重新整理原來的版本，但重要的是，就算記憶有這種情況，反而讓它有著價值，它的價值如同佛洛伊德主張，對於隱夢的扭曲和防衛，反可以讓我們有機會發現，人的心智工

作的流程痕跡，如同「夢工作」所留下來的斧痕，讓我們可以發現心智的運作所在和方式。「夢藉由將所有材料整合成為單一情境，來兼顧存在於所有部分之間那無法否認的連結關係。他們透過時間與空間的近似性來再現邏輯之連結性，就像畫家將同一群組的所有詩歌呈現在一幅帕納蘇斯（Parnassus）的畫作之中。……兩種思想之間的因果關係，若不是沒有被呈現，就是被序列呈現的兩個不同長度之夢所取代。在這裡，呈現常常是倒反的，夢的開始代表結果，而夢的結論則是前提。在夢中將一件事立卽地轉化為另一件事，似乎代表了因果關係。」（同上，頁660-661）

　　如果每個夢，都是它自主的說出了，它要說出的話，也就是它是成功了，但是夢的成功不只是我們現實上覺得的那種成功，而是開啟了在失敗的餘生裡，自我努力地做著要說出自己心聲的方式。它是成功了，每場夢都是一場成功的佈展，如同在博物館裡拿取材料做出策展。「在夢境的架構中，很少使用願望式的幻想內容（願望式的幻想是以未被建構的形態出現在夢思之中），而是和我們清醒時所熟悉的白日夢具有相同的特質。夜間夢的分析，顯示出願望式的幻想常常變成了嬰兒期場景的重現或修訂版本。因此，在某些情況下，夢的表面直接揭示了夢的真實核心，是被其他材料的混合物所扭曲。……如果維持夢工作

的定義爲將夢思轉換爲夢之內容的歷程，那麼接著夢工作就不是創造性的，其本身沒有發展出任何幻想物；它不作任何判斷與導引結論；除了以凝縮、置換以及將材料轉爲圖像，外加一點詮釋性調整之外，它沒有其他功能。」（同上，頁667）

但是它的成功需要再被解讀，不是一般世俗的成功，畢竟世俗的成功常看見的是，對於那些失落創傷經驗的人，如某些婦人成功教育子女後，卻是失敗的開始，症狀和憂鬱的開始，也許夢做爲主體的成功策展，更是接近我們的另一種日常。如果精神分析要對人生，有什麼特定的貢獻，那就是從夢的策展成功裡，探索和想像成功裡的多重樣貌，而不只是如世俗的成功，是「現實原則」下的某種成功，卻被「享樂原則」輕易地摧殘。

對於夢，我們仍需要抱持著，從它那裡開始學習之旅，開始學習傾聽，並以我們的語言和他們交流，不是只以我們曾有的成功，要來灌注給他們，並非以爲我們有的知識，就足以了解夢存在的多重深意。「問題的核心在於置換，這是目前爲止夢工作中最引人注目的特殊成就。如果我們深入研究這個主題，我們就會明白置換的基本決定條件是一種純粹的心理條件：某種動機的本質。……因此，我們不得不做出這樣的結論，卽夢內容的隱晦性與某些夢思的潛抑狀態

（意識的不可接受性）之間存在有因果關係，而且夢必須如此隱晦以免暴露出被流放的夢思。因此，我們被引導至『夢之扭曲』的概念，這是夢工作的產物，目的在於進行僞裝。」（同上，頁671-672）

如何和它對話，並讓它能夠持續地表達自己，這更是重點，這樣做才和我們在診療室裡的態度一致，我們對於個案的態度，以自由聯想和自由飄浮的注意力爲目標，雖然我們成功解釋某些夢，是有它的道理，但這些道理有它曾有的脈絡，不論現在及未來，脈絡一直在改變中。如果我們眞的相信，每個瞬間都如流水，若是流水就沒有成不成功的命題，而是對於流水般易逝的現實，我們會採取什麼態度和方式，來觀察和對話。或者另一種想像，我們如老鷹般看著夢，記得的夢，讓它成爲可以分析的素材，就像夢的內容更像是某種風勢，讓老鷹可以在空中盤旋的風勢，夢的內容如不同風向的風，老鷹借著風而盤旋觀察。我們是掉下來的落葉（老鷹叫做「臘葉」，即是落葉飄下。），學習在空中飄浮，雖然最終總得落地。我們如何和這種狀態對話，或描繪這種狀態裡的心情、想法、美感經驗和情緒經驗？佛洛伊德在《On Uncanny》的開頭說的，情緒經驗就是一種美學，畢竟依我的論點落葉就不再是青葉，是否這些描繪可以有機會，讓我們對待夢的態度和想法，不再只是詮

superego押著id，但id不是省油的燈：從佛洛伊德說的談他沒有說的

釋的想法，而是涉及概念、美感及情緒經驗，經過一次夢就等待另一次，每次夢讓我們飄浮的時間總是有限。

這些經驗是比較接近，在節制和自由之間相遇，我們是在防衛與開放之間相遇，或甚至沒有自由也沒有開放這件事，有的都是在兩者共存，是在兩者之間相遇，如診療室裡的工作。「分析隱晦與困惑的夢會得到完全類似的結論：夢境再一次代表了一個被滿足的願望——一個願望總是起源於夢思，但它卻以無法識別的形式表現出來，並且只有在分析中被追溯時才能被解釋。在這種情況下，願望本身若不是一種被潛抑的狀況且不容於意識，就是與被潛抑的思想緊密連結，並以之為基礎。因此，這些夢的規律如下：它們是被潛抑之願望的偽裝式滿足。」（同上，頁674）

另一個想像，我們談論夢的方式，是否類似這個比喻呢，我們看著精神分析的星空是必要的，一如精神分析理論的必要，是有別於其它模式，但仍只是在被挑選出來的星星，以虛擬的線串成情節名稱，如同星座的名稱？也如同看著旅遊地圖，走到某地，大家早就體會到，看著地名和某些說明，仍無法說清楚你當時站在哪塊土地上？

對於象徵和夢，佛洛伊德是這麼說，「對夢的象徵知識，永遠不會使我們能做的多過於翻譯夢內容

的某些成分，而且也不會減少應用我之前提供的技術原則之必要性。然而，它將能在夢者的聯想不足或失敗的點上，提供準確解釋的最有價值之協助。……夢之象徵化絕不僅限於夢，它不是夢所特有的，它在童話、神話、傳奇、笑話、民間傳說等領域也起著類似的作用，從而使我們能夠看出夢與這些產物之間的密切關係。我們不可認為夢的象徵化只是夢工作的一種創造，它實際上很可能是無意識思維的基本特徵之一，正是無意識思維為夢工作提供了凝縮、置換和戲劇化的材料。」（同上，頁684-685。）

有著人文和自然在周邊穿梭的經驗，何況我們目前建構出來的各式情結，是能夠走得到的地方嗎？或者如星空中的星子，可以仰望，但所見的光是許多光年前的光了，我們可能走不到那裡，因此我們說有某種情結，或者說我們處在某種情結裡，這些想法需要再想想，是否另有其它的可能性？現在的眼睛，看見多年前流浪至今的光，會是什麼樣的交會呢？

「任何接受稽查作用是扭曲夢之主要原因的人，都不會訝異從夢的解析之結果中所學到的事，亦即大多數的成人之夢在被分析後會追溯到性慾的願望。……然而，在許多沒有呈現明顯情慾內容的夢中，透過分析的詮釋而被顯示出是性願望的滿足；在另一方面，分析也表明，前一天清醒活動的殘餘會

superego押著id，但id不是省油的燈：從佛洛伊德說的談他沒有說的

遺留下大量的思想，只有經由被潛抑的情慾願望之協助，才能找到於夢中再現的方式。……表達情慾願望的夢只有一種方法可以成功地以天真的非性方式展現其所表明的內容。性概念的材料不能以此形式表現，而必須在夢的內容中被以暗示，隱喻和類似形式之間接表徵來取代。」（同上，頁682-683。）

　　最後，我再提出另一個想像。我們以溫尼科特對於真我和假我的探索來想，溫尼科特的真我概念，是接近佛洛伊德的隱夢，真我是一堆活力（aliveness）的集結，而隱夢起源也是一團活力的嬰孩式的期待（infantile wish），而假我是如顯夢般，是ego以奴僕的角色而防衛建構出來的世界。以這假設來談論顯夢的形成，以及假我的形成，我主張是可以使用顯夢和隱夢的相對存在，如同真我和假我的共存般，如溫尼科特表示的，如果對於假我的探索沒興趣，那麼探索真我也是枉然。我們以這種方式來探索和描繪，才能建構出心智世界的真實。（完）

第十五堂

· Freud, S.（1901）On Dreams. SE.5, p.629-686.

第十五堂：再回到夢的工作，想想能再做什麼？　　251

薩所羅蘭團隊

【薩所羅蘭的山】
陳瑞君、王明智、許薰月、劉玉文、魏與晟、
陳建佑、劉又銘、謝朝唐、王盈彬、黃守宏、蔡榮裕

【薩所羅蘭的風】
（年輕協力者）
李宛蓁、魏家璿、白芮瑜、蔡宛濃、曾薏宸、
彭明雅、張博健、劉士銘、王慈襄

【薩所羅蘭的山】
▲陳瑞君
諮商心理師
《過渡空間》心理諮商所所長
臺灣精神分析學會會員
臺灣醫療人類學學會會員
臺灣精神分析學會《台北》心理治療入門課程召集人
臺灣精神分析學會推薦精神分析取向心理治療師
松德院區《思想起心理治療中心》心理治療督導
國立臺灣師範大學教育心理與諮商所博士班研究生
聯絡方式：intranspace@gmail.com

▲王明智
諮商心理師

臺灣精神分析學會會員

《小隱》心理諮商所所長

臺灣精神分析學會推薦精神分析取向心理治療師

臺灣精神分析學會影音小組召集人

松德院區《思想起心理治療中心》心理治療督導

▲許薰月

諮商心理師

巴黎七大精神分析與心理病理學博士候選人

▲劉玉文

諮商心理師

看見心理諮商所 治療師

企業/學校/社福機構 特約心理師

及身心健康講座、藝療淨化工作坊講師

臺灣精神分析學會會員

聯絡方式：backtolove99@gmail.com

▲魏與晟

臺北市聯合醫院松德院區諮商心理師

臺灣精神分析學會會員

精神分析臺中慢讀學校講師

松德院區諮商心理實習計畫主持

國立臺北教育大學心理與諮商研究所碩士

▲謝朝唐

精神科專科醫師

中山大學哲學碩士

巴黎七大精神分析與心理病理學博士候選人

▲劉又銘

精神科專科醫師

台中佑芯身心診所負責人

精神分析臺中慢讀學校講師

臺灣精神分析學會推薦精神分析取向心理治療師

聯絡方式：alancecil.tw@yahoo.com.tw

▲陳建佑

精神科專科醫師 臺灣精神分析學會會員

精神分析取向心理治療師

高雄市佳欣診所醫師

聯絡方式:psytjyc135@gmail.com

▲王盈彬

精神科專科醫師

精神分析取向心理治療師

臺灣精神醫學會會員

臺灣精神分析學會會員

臺灣精神分析學會《台南》心理治療入門課程召集人

英國倫敦大學學院理論精神分析碩士

王盈彬精神科診所暨精神分析工作室主持人

聯絡方式：https://www.drwang.com.tw/

▲黃守宏

臺北醫學大學附設醫院精神科暨睡眠中心主治醫師

臺北醫學大學醫學系專任講師

臺北醫學大學學生事務處學生輔導中心主任

臺灣精神分析學會會員

臺灣精神分析學會台北春秋季班講師

松德院區《思想起心理治療中心》心理治療督導

美國匹茲堡大學精神研究中心訪問學者

▲蔡榮裕

精神科專科醫師

前松德院區精神科專科主治醫師

臺灣精神分析學會名譽理事長

臺灣醫療人類學學會會員

高雄醫學大學阿米巴詩社社員

松德院區《思想起心理治療中心》心理治療資深督導

聯絡方式：roytsai49@gmail.com

國家圖書館出版品預行編目資料

superego押著id，但id不是省油的燈：從佛洛伊德說的談他沒有
說的／蔡榮裕著. --初版.--臺北市：薩所羅蘭分析顧問有限公司，
2022.7
　　面；　公分.——（【薩所羅蘭】精神分析的人間條件04）
ISBN 978-626-95788-2-5（平裝）
1.CST: 佛洛伊德(Freud, Sigmund, 1856-1939)　2.CST: 學術思想
3.CST: 精神分析學
175.7　　　　　　　　　　　　　　　　　　111007646

【薩所羅蘭】精神分析的人間條件04

superego押著id，但id不是省油的燈：
從佛洛伊德說的談他沒有說的

作　　者　蔡榮裕
校　　對　白芮瑜、彭明雅
發 行 人　陳瑞君
出　　版　薩所羅蘭分析顧問有限公司
　　　　　10664臺北市大安區和平東路二段201號4樓之3
　　　　　電話：0928-170048
設計編印　白象文化事業有限公司
　　　　　專案主編：陳逸儒　經紀人：徐錦淳
經銷代理　白象文化事業有限公司
　　　　　412台中市大里區科技路1號8樓之2（台中軟體園區）
　　　　　出版專線：（04）2496-5995　　傳眞：（04）2496-9901
　　　　　401台中市東區和平街228巷44號（經銷部）
　　　　　購書專線：（04）2220-8589　　傳眞：（04）2220-8505
印　　刷　基盛印刷工場
初版一刷　2022年7月
定　　價　300元

白象文化
www.ElephantWhite.com.tw

印書小舖
PressStore出版販賣
自費出版的領導者

出版 · 經銷 · 宣傳 · 設計
購書 白象文化生活館